PAPA TOCHTER BUCH

Und was machen wir jetzt?
Super Ideen für tolle Väter

Karolin Küntzel

compact via ist ein Imprint der Compact Verlag GmbH

© 2011 Compact Verlag GmbH München

Alle Rechte vorbehalten. Nachdruck, auch auszugsweise,
nur mit ausdrücklicher Genehmigung des Verlages gestattet.

Text: Karolin Küntzel
Chefredaktion: Evelyn Boos
Redaktion: Heike Fröhlich, Tanja Greiner
Produktion: Johannes Buchmann
Abbildungen: siehe Bildnachweis S. 128
Titelabbildungen: fotolia.com/Iva Villi
Gestaltung: ekh Werbeagentur GbR
Umschlaggestaltung: h3a GmbH, München

ISBN 978-3-8174-8575-8
381748575/1

www.compact-via.de

VORWORT

„Wir haben ein Puppenhaus gebaut, einen Sketchabend veranstaltet und auf der Leinwand getanzt. Papa ist der Coolste!"

Dieses Buch hält eine Menge origineller Ideen und Vorschläge parat, wie Sie zum Superpapa werden können! Ob im Haus, im Garten oder in der freien Natur – überall finden sich Gelegenheiten, um die gemeinsame Zeit fantasievoll und kreativ zu gestalten. Sorgen Sie für leuchtende Augen und Begeisterungsstürme bei Ihrer Tochter!

Alle Vorschläge kommen ohne großen Materialaufwand aus und setzen keine besonderen handwerklichen Fertigkeiten voraus. Falls Ihr Kind für manche Ideen noch zu klein ist, können Sie natürlich jeden Vorschlag abwandeln. Auch die Mama darf mal in dem Buch stöbern und sich Anregungen holen. Ihrem Sohn wird vielleicht ebenfalls die ein oder andere Idee gefallen. Sogar Oma und Opa finden sicherlich das Passende für den Sonntagnachmittag.

Hauptsache, alle Beteiligten haben Spaß, Freude und genießen das harmonische Beisammensein!

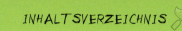

INHALTSVERZEICHNIS

PAPA ALS ...

KÜNSTLER UND HANDWERKER	AB SEITE 7
KOCH	AB SEITE 59
GÄRTNER	AB SEITE 71
SPASSVOGEL	AB SEITE 83
ABENTEURER	AB SEITE 91
SPORTLER	AB SEITE 117

MATERIALLISTE	AB SEITE 125
REGISTER	AB SEITE 126

PAPA ALS KÜNSTLER UND HANDWERKER

PAPA ALS KÜNSTLER UND HANDWERKER

MOBILE AUS FLAUSCHIGEN POMPONS

Das braucht ihr: *Wolle in verschiedenen Farben, Pappe, Sticknadel, Schere, Bleistift, Nähgarn, 2 Schaschlik-Spießchen aus Holz, Schraubhaken*

Mobiles gehören in jedes Kinderzimmer. Schon die Allerkleinsten erfreuen sich an den sanften Bewegungen der Figuren im Luftzug. Bastelt euch zur Abwechslung selbst mal eines. Das ist nicht schwer, macht viel Spaß und als Belohnung winkt eine neue Dekoration für das Tochterzimmer.

Kennt ihr Pompons? Das sind kuschelige Bällchen aus Wollresten, die ihr ganz leicht selbst herstellen könnt. Ihr braucht dafür ein Stück Pappe. Nehmt ein Wasserglas zu Hilfe und malt die Umrisse auf den Karton. Jetzt habt ihr einen Kreis. In seine Mitte malt ihr einen zweiten, kleineren Kreis. Benutzt hierfür entweder ein schmaleres Glas oder eine Münze. Schneidet mit der Schere sowohl den äußeren als auch den inneren Ring aus. Jetzt habt ihr eine Scheibe mit Loch. Kopiert sie auf die Pappe, einmal ausschneiden und fertig sind zwei gleiche Scheiben.

Die beiden Pappringe legt ihr nun übereinander. Den Fadenanfang um die beiden Ringe knoten und dann die Pappe mit der Wolle umwickeln. Am schnellsten geht es, wenn ihr dazu eine dicke Sticknadel mit großem Öhr nehmt. Die Wolle wickelt ihr nun so lange um die Pappe, bis das Innenloch ganz ausgefüllt ist. Schneidet mit der Schere an der Außenkante die Wollfäden hindurch. Zieht einen Wollfaden zwischen den beiden Pappscheiben durch und verknotet ihn. Anschließend entfernt ihr die Pappscheiben und fertig ist der erste Pompon! Es kann sein, dass die einzelnen Wollfäden nicht überall gleich lang sind. Das macht gar nichts. Schlüpft in die Rolle eines Friseurs und kürzt die zu langen Stücke mit der Schere.

Selbst für ein ganz einfaches Mobile reicht ein Wollball allein natürlich nicht aus. Deshalb fertigt ihr schnell noch ein, zwei, drei weitere Pompons an. Mit insgesamt vier Bällchen hängt es nachher gut im Gleichgewicht.

PAPA ALS KÜNSTLER UND HANDWERKER

Variiert die Farben von Ball zu Ball oder innerhalb eines Pompons. Dazu nehmt ihr entweder zwei unterschiedlich farbige Wollfäden auf einmal oder ihr wechselt zwischendurch die Farbe. Wickelt z. B. erst eine Lage gelbe Wolle, danach rote und zum Abschluss vielleicht grüne. Das Ergebnis sind fröhlich bunte Bommel. Es gibt auch Wolle, die bereits mehrfarbig ist. Damit erspart ihr euch das Fadenwechseln. Sind alle Wollkugeln fertig, kommt noch ein Faden zum Aufhängen daran.

Das Gerüst für das Mobile besteht aus zwei Holz-Schaschlik-Spießchen. Den obersten Querbalken bildet ein Spieß, den ihr in seiner Länge belasst. Den zweiten Stab halbiert ihr und knotet die beiden Hälften in der Mitte mit etwas Nähgarn rechts bzw. links am Querbalken fest, sodass die zwei Stäbchen etwa zehn Zentimeter darunterpendeln. An diese vier Enden knotet ihr nun die Pompons und richtet sie so aus, dass sie im Gleichgewicht hängen.

Zum Schluss befestigt ihr zum Aufhängen ein Stück Garn oder einen farblich passenden Wollfaden in der Mitte des oberen Querbalkens. Sucht einen schönen Platz im Zimmer aus, montiert dort einen Schraubhaken (sofern nicht vorhanden) und hängt das Mobile auf.

Papa als Künstler und Handwerker

Gästeseifen als Muttertagsgeschenk

Das braucht ihr: Seifenreste nach Farben getrennt oder Seife aus dem Bastelladen (gibt es undurchsichtig und transparent), für die farblosen Glycerinseifen zusätzlich Seifenfarbe (gibt es in fast allen Farbtönen) und Seifenduft, leere Kunststoffverpackungen, z. B. Pralinenschachteln, Muscheln oder kleine Buddelförmchen, Klarlack, schönes Aufbewahrungsglas, Geschenkband

Hübsche Seife herzustellen, ist kinderleicht. Schneidet so viel Seife, wie ihr für eure Form braucht, in kleine Stücke. Erhitzt sie anschließend in einem Topf im Wasserbad oder in einem geeigneten Gefäß in der Mikrowelle (mittlere Temperatur für ungefähr 45 Sekunden). Vorsicht! Ihr müsst aufpassen, dass die Seife nicht zu heiß wird und nicht zu blubbern anfängt. Denn dann besteht die Gefahr, dass ihr euch verbrüht. Rührt die Masse um, bis sich alle Stückchen aufgelöst haben. Habt ihr neutrale Seife aus dem Bastelladen benutzt, könnt ihr nun zusätzlich Farbe und Duft in die Flüssigkeit geben. Alles noch einmal gut umrühren und vorsichtig in die saubere Plastikform gießen. Je nach Größe der Form dauert es ungefähr eine halbe Stunde, bis die Seife kalt ist. Drückt sie anschließend behutsam aus der Form und bewundert eurer Werk. Fertig ist die Gästeseife!

Wenn ihr etwas geübter seid, könnt ihr auch mehrfarbige Seifen und solche mit eingelegten Motiven und Gegenständen herstellen. Zum Eingießen eignet sich Dekomaterial wie Glitzer, Sternchen, Herzchen usw. aus Metallfolie oder kleine Gegenstände aus Kunststoff. Sehr dekorativ sind auch getrocknete Blüten, Früchte und Gräser. Für die Herstellung braucht ihr etwas mehr Geduld und Fingerspitzengefühl als bei den einfachen Seifen.

Mehrfarbige Seifen
Jede Farbe wird einzeln gegossen. Ihr könnt also z. B. zuerst ein wenig Blau in die Form gießen. Wenn diese Schicht gut getrocknet ist, vorsichtig die nächste Farbe, z. B. Rot, einfüllen. Schicht um Schicht wächst so eure bunte, fröhlich geringelte Seife.

Ihr könnt aber auch bereits fertige Seifen auseinanderschneiden und anschließend mit einer anderen Farbe ergänzen. Nehmt dazu die fertigen Seifen aus der Form und schneidet das Stück ab, das später eine andere Farbe bekommen soll. Legt nun die Teile wieder passgenau zurück in die Form und gießt die neue Farbe hinzu.

Seife mit Einlage
Gießt zuerst die Bodenschicht. Wenn sie fast fest ist, drückt ihr den ausgesuchten Gegenstand vorsichtig in die Seife, bis er nicht mehr verrutscht. Danach könnt ihr die Form mit transparenter Seife auffüllen. Das ist wichtig, damit der Gegenstand hinterher gut zu erkennen ist. Glitzer oder andere sehr kleine Teile könnt ihr direkt mit der Seife zusammen verrühren und gießen.

Blüten, Gräser, Zweiglein, getrocknete Zitronen- oder Orangenscheiben solltet ihr vor dem Eingießen mit Klarlack besprühen und eine Stunde trocknen lassen. So behalten sie nach dem Eingießen auf jeden Fall ihre Farbe.

Zum Schluss füllt ihr die kleinen Seifen in ein schönes Glas. Eine Schleife drum, und fertig ist das tolle Muttertagsgeschenk! Denkt daran, alle benutzten Gefäße und Utensilien gründlich abzuwaschen, sonst kommt Mama hinter euer Geheimnis!

PAPA ALS KÜNSTLER UND HANDWERKER

FINGERPUPPEN

Das braucht ihr: Bastelfilz in verschiedenen Farben, Schere, Klebstoff, Lineal, Nähnadel, farbiges Garn, Filzstift, Woll- und Stoffreste, Transparentpapier, Metallfolie, kleine Perlen, Geschenkband

Wie wäre es einmal mit einem eigenen Theaterstück mit Fingerpuppen als Hauptdarsteller? Die Figuren dafür könnt ihr euch ganz leicht selbst basteln.

Die Grundform einer Fingerpuppe besteht aus zwei oben abgerundeten Rechtecken. Sie sind für einen Erwachsenen etwa vier Zentimeter breit und neun Zentimeter hoch. Die Kinderfinger messt ihr am besten ab, damit die Puppen hinterher die richtige Größe haben. Die Maße übertragt ihr mit einem Stift auf den Bastelfilz. Schneidet nun die beiden Teile aus und klebt oder näht sie möglichst nah am Rand zusammen. Unten bleiben die Teile offen, das ist der Einschlupf für den Finger. Schon ist der Grundkörper der Fingerpuppe fertig. Jetzt sind eurer Fantasie keine Grenzen mehr gesetzt und ihr könnt die Körper nach Belieben gestalten. Dafür schneidet ihr aus farblich passendem Filz die Köpfe aus und klebt sie oben an die Grundform. Gesichter könnt ihr aufmalen, mit Perlen aufnähen oder aus Einzelteilen gestalten. Passende Kleider sind schnell aus Stoff oder Papier gebastelt.

Es war einmal …
Ihr könnt auf diese Art schnell Märchenfiguren, einen ganzen Hofstaat oder auch Zootiere herstellen. Schneewittchen bekommt ein langes Kleid aus Stoffresten, die auf den Filzkörper geklebt werden. Die Haare werden aus Wolle gemacht. Für die sieben Zwerge bastelt ihr spitze, unterschiedlich farbige Hüte aus Filz, die oben an den Kopf geklebt werden. Ihr könnt ihnen auch kleine Umhänge aus Filz ausschneiden. Für Rotkäppchen braucht ihr natürlich roten Stoff, um daraus ein Kopftuch zu machen. Die Großmutter bekommt eine Brille auf die Nase gemalt, der Wolf eine spitze Schnauze und der Jäger zusätzlich ein grünes Mäntelchen.

Bastelt ihr dagegen eine Königsfamilie, kann es ruhig etwas prunkvoller zugehen. Durchsichtiger Vorhangstoff eignet sich toll für Schleier, kuscheliger Teddystoff, um königliche Pelze herzustellen. Mit gold- und silberfarbenem Geschenkband lassen sich Verzierungen machen oder Zöpfe zusammenbinden. Ihr könnt aus Metallfolie auch kleine Kronen ausschneiden und aufkleben. Stöbert ruhig mal in den Krimskrams-Schubladen und schaut, was sich dort noch an verwertbaren Materialien findet.

Im Zoo

Für den Zoo braucht ihr einen Elefanten mit langem grauen Filzrüssel und riesigen Ohren. Die Giraffe bekommt einen gelben Grundkörper, auf den ihr braune Flecken malen oder kleben könnt. Vergesst nicht den langen Hals und die kleinen Hörnchen oben am Kopf! Dem Löwen könnt ihr eine mächtige Mähne aus braunen Wollresten basteln, die Pinguine bekommen auf den weißen Grundkörper schwarze Stummelflügel geklebt. Aus Transparentpapier lässt sich ein wunderbar buntes Rad für den Pfau herstellen, der Panther ist tiefschwarz, bekommt lange Schnurrhaare und gefährlich gelb leuchtende Augen.

Wenn alle Figuren fertig sind, könnt ihr euch ein Theaterstück ausdenken und aufführen. Erzählt, wie das Märchen weitergeht, was die Tiere im Zoo machen, wenn die Besucher fort sind, und, und, und ...

PAPA ALS KÜNSTLER UND HANDWERKER

PUPPENHAUS AUS HOLZ

Das braucht ihr: *Papier, Stift, dünne Sperrholzplatten, Laub- oder Stichsäge, Holzleim, Farbe, Schmirgelpapier.*
Für die Dekoration: *Stoff- und Tapetenreste, Zahnstocher, Klebefolie, Kleister, Miniziegel oder Dachpappe, Miniaturbäume und Rasenstreu (Eisenbahnbedarf), Holzperlen, Pappe*

Gibt es Mädchen, die nicht von einem schicken Puppenhaus träumen? Wohl kaum. Es ist herrlich, damit zu spielen. Man kann sich Geschichten ausdenken, die die Puppen erleben, und das Haus lässt sich einrichten, umräumen und dekorieren. Das Beste: Es ist gar nicht so schwer, selbst solch ein Haus zu bauen.

1. Zuerst solltet ihr überlegen, wie das Haus aussehen soll. Welche Puppen sollen darin wohnen (das ist wichtig für die Größe des Hauses), wie viele Zimmer soll es haben? Macht euch am besten eine Skizze vom fertigen Haus. So wisst ihr auch, wie groß die einzelnen Holzelemente nachher sein müssen.
2. Zeichnet jede einzelne Holzwand in Originalgröße auf Papier. Auch für die Fenster und Türen stellt ihr Schablonen aus Papier her. Die fertigen Schablonen könnt ihr nun auf das Holz legen und die Abmessungen darauf übertragen.
3. Bodenplatte, Wände, Fenster und Türen aus der Holzplatte sägen.
4. Die Wandelemente mit Holzleim auf die Bodenplatte kleben. Für eine etwas bessere Stabilität können zusätzlich kleine Holzleisten an den Fuß der Wände geklebt werden. Alles gut trocknen und aushärten lassen.
5. Schleifen.

PAPA ALS KÜNSTLER UND HANDWERKER

6. Das Haus von außen streichen und ausreichend trocknen lassen. Das Dach mit Miniziegeln oder Dachpappe belegen.

7. Jetzt geht es an die Innendekoration. Mit den Tapetenresten oder der Klebefolie könnt ihr die Wände der einzelnen Zimmer tapezieren. Soll eine Wand mit Fototapete gestaltet werden? Bilder dafür findet ihr reichlich in Zeitschriften. Einfach in der Größe zurechtschneiden, einkleistern und ankleben.

8. Auch der Fußboden will verkleidet werden. Ihr könnt ihn entweder unterschiedlich farbig streichen oder Klebefolie in Holz- und Fliesendesign verwenden. So sieht der Bodenbelag täuschend echt aus.

9. Aus Zahnstochern und Stoffresten lassen sich prima Gardinen und Vorhänge für die Fenster basteln. Wenn ihr Holzperlen oberhalb der Fensteröffnungen anklebt, könnt ihr die Zahnstocher dort einhängen. Die Gardinen lassen sich dann bei Bedarf sogar abnehmen.

10. Aus Zeitschriften könnt ihr kleine Bilder ausschneiden und einen Papprahmen außen herumkleben. Schon habt ihr Bilder, Gemälde und Fotos für die Puppenzimmer. Ihr könnt auch eigene Passfotos verwenden und damit eine kleine Ahnengalerie gestalten.

11. Außendekoration: Wenn die Bodenplatte größer ist, als das Haus selbst, könnt ihr außen noch Miniaturbäume und Blumen aufkleben sowie Rasen streuen. Zubehör dafür bekommt ihr überall dort, wo es Modelleisenbahnen gibt.

12. Wenn Wände und Böden fertig sind, kann eingerichtet werden. Entweder nehmt ihr Möbel, die bereits vorhanden sind, oder bastelt noch welche. Dafür eignen sich Pappe, Pappmaschee und Papier, Holzreste, Styropor®, selbsthärtende Knete, Salzteig oder Schaumstoff. Mit ein bisschen Fantasie und Geschick habt ihr schnell eine komplette Einrichtung zusammen.

PAPA ALS KÜNSTLER UND HANDWERKER

MASKEN AUS GIPS

Das braucht ihr: Gipsbinden (etwa 2 pro Kind), Schüssel mit Wasser, Schwämmchen, Handtuch, reichlich Fettcreme, Haarklammern, 2 kurze Strohhalme, Schere, Farbe zum Bemalen, Pinsel, Gummiband

Das eigene Gesicht seht ihr jeden Tag im Spiegel, es ist euch vertraut. Masken davon sind dagegen immer ein wenig fremd. Der Gesichtsausdruck verändert sich nicht mehr, die Maske hält den Augenblick fest. Deshalb sind sie eine schöne Erinnerung und eine tolle selbst gemachte Verkleidung zugleich. Warum nicht mal das eigene Gesicht als Maskierung nutzen und zum Fasching als ihr selbst gehen?

Ein Hinweis für den Papa
Üben Sie mit kleineren Kindern erst „trocken". Es kann passieren, dass Ihr Kind Angst bekommt, wenn das Gesicht vollständig abgedeckt wird. Mit der Maske auf dem Gesicht ist es auch nicht mehr möglich, durch den Mund zu atmen. Üben Sie vorher mit Ihrem Kind die Nasenatmung durch den Strohhalm, legen Sie ihm feuchte Tücher zum Testen auf das Gesicht und erklären Sie im Vorfeld genau, was Sie tun werden. Wenn das Kind ängstlich ist oder nur schwer über längere Zeit ruhig liegen bleiben kann, fertigen Sie als Alternative einfach erst eine Halbmaske (Stirn bis Nasenrücken) an. Bleiben Sie während des gesamten Trocknungsvorgangs bei Ihrem Kind und lassen Sie es auf keinen Fall allein!

Schneidet die Gipsbinden in der benötigten Menge mit der Schere in zwei bis drei Zentimeter breite Stücke. Es ist wichtig, diese Ar-

PAPA ALS KÜNSTLER UND HANDWERKER

beit vorher zu erledigen, weil eure Hände nachher nass sind und sich der Gips schnell ablösen würde. Bereitet anschließend das Gesicht für den Gipsabdruck vor. Dazu schmiert ihr die Fläche, die später eingegipst werden soll, großzügig mit Fettcreme ein. Besonders wichtig sind behaarte Stellen wie Augenbrauen,  Wimpern und der gesamte Haaransatz. Sind sie nicht fettig genug, bleibt der Gips später daran hängen und lässt sich nicht ablösen.

Der „Gesichtsgeber" kann sich nun bequem auf das Sofa legen und entspannen. Unter den Kopf kommt ein Handtuch, über den Brustbereich am besten auch, denn es kleckert meist doch ein wenig. Am besten auch alte Kleidung anziehen.

Papa als Versuchskaninchen

Stellst du die Maske her, tauchst du die vorbereiteten Gipsabschnitte in die Schüssel mit handwarmem Wasser und legst sie anschließend sofort auf das Gesicht. Streich den Gips sanft glatt, bevor du das nächste Stück auflegst. Lege die einzelnen Gipsstücke leicht überlappend auf, so können sie sich gut miteinander verbinden. Lege mehrere Schichten übereinander, damit die Maske stabil genug wird. In die Nase kommen vor dem 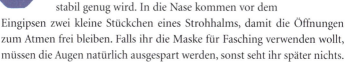 Eingipsen zwei kleine Stückchen eines Strohhalms, damit die Öffnungen zum Atmen frei bleiben. Falls ihr die Maske für Fasching verwenden wollt, müssen die Augen natürlich ausgespart werden, sonst seht ihr später nichts.

Dann heißt es warten, bis der Gips trocken ist. Wenn ihr unter der Maske Grimassen schneiden könnt, ist es in der Regel so weit. Hebt sie vorsichtig ab und bewundert euer Werk. Ist sie vollständig getrocknet, könnt ihr die Maske mit bunten Farben bemalen.

PAPA ALS KÜNSTLER UND HANDWERKER

Bunte Fenster mit Window Color

Das braucht ihr: *Window-Color-Farben, Window-Color-Konturenfarbe, Vorlagenbilder, glatte Transparentfolien oder Prospekthüllen, Zahnstocher*

Bunte Fenster sind ein echter Hingucker. Sie stimmen nicht nur fröhlich, auch das Licht ist ganz besonders schön, wenn die Sonne durch die Farben scheint. Das ist so ähnlich wie bei bunten Kirchenfenstern. Damit die Kinderzimmerfenster ebenso bunt und freundlich aussehen, braucht ihr nur ein wenig Fenstermalfarbe und ein bisschen Geduld.

Ihr könnt euch die Motive, die auf das Fenster gemalt werden sollen, entweder selbst ausdenken oder Vorlagen benutzen. Im Internet findet ihr unter dem Stichwort „Malvorlagen" reichlich davon. Die Bildvorlage legt ihr unter eine Transparentfolie oder schiebt sie in eine Prospekthülle (da kann sie nicht verrutschen). Jetzt könnt ihr die Umrisse des Bildes mit der Konturenfarbe übertragen. Wichtig ist dabei, die Farbe in der Flasche vorher gut zu schütteln. Achtet auch darauf, dass der Konturenstrich durchgängig und an keiner Stelle unterbrochen ist. Die Farbe anschließend einige Stunden trocknen lassen.

Sind die Umrisse trocken, könnt ihr sie mit den bunten Farben ausmalen. Auch hier die Flaschen gut schütteln. Die Farbe muss an die Kontur anschließen und jeden Winkel des Bildes erreichen. Bei Bedarf könnt ihr sie vorsichtig mit einem Zahnstocher in die Ecken verteilen. Das fertige Bild lasst ihr einen Tag trocknen und zieht es dann behutsam von der Folie ab. Klebt das Bild mit der Unterseite aufs Fenster und bewundert euer Werk!

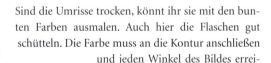

PAPA ALS KÜNSTLER UND HANDWERKER

WER FRASS DIE WURST?

Das braucht ihr: Papier, Stifte, Zeitschriften, Schere, Kleber

Menschen erzählen sich seit Urzeiten Geschichten. Sie berichten von freudigen Ereignissen, bestandenen Abenteuern, furchterregenden Gestalten, gewaltigen Naturschauspielen oder lustigen Begegnungen. Und längst nicht alle Geschichten sind wahr.

Erfindet doch selbst einmal eine Erzählung. Wovon handelt sie? Wer oder was spielt darin die Hauptrolle? Gibt es dramatische Ereignisse, und wann spielt die Handlung? An welchem Ort finden die Ereignisse statt, ist Magie im Spiel oder alles eher alltäglich? Verliebt sich jemand, geht etwas verloren, gibt es ein Happy End, wird zum Schluss gesungen, fraß der Hund die Wurst?

Ihr könnt diese Fragen als Anregung benutzen. Stellt euch zusätzlich eigene Fragen, um eurer Geschichte auf den Grund zu kommen. Zeitungsschlagzeilen, Buchtitel oder einzelne Sätze, von fremden Personen im Bus geäußert, können ebenfalls zu einer Geschichte anregen.

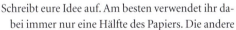

Schreibt eure Idee auf. Am besten verwendet ihr dabei immer nur eine Hälfte des Papiers. Die andere bleibt frei für die Illustration. Entweder malt ihr die Bilder zu eurer Geschichte selbst oder ihr verwendet Fotos und Zeichnungen aus Zeitschriften. Schneidet sie mit der Schere aus und klebt sie auf den frei gebliebenen Platz neben oder unter eurer Erzählung. Ihr könnt natürlich auch einen Mix aus beiden Methoden wählen, einen Teil malen und den anderen kleben.

Indianertipi für kleine Squaws

Das braucht ihr: 6 ungefähr gleich lange Stangen (Besenstiele, gerade Äste etc.), 2 Seile, Wäscheklammern, einige Decken, Geschirrtuch

Auch Mädchen spielen gerne Indianer. Und selbstverständlich braucht es dafür nicht nur weiche Mokassins und Federschmuck, sondern auch ein zünftiges Indianerinnenzelt, ein Tipi.

Das ist relativ schnell gebaut. Nehmt drei Stangen und baut sie so auf, dass sie wie eine Pyramide aussehen. Unten stehen die Stangen im Dreieck weit auseinander, oben treffen sich die Spitzen. Die oberen Enden müssen nun mit einem der Seile fest zusammengebunden werden. Am leichtesten geht das, wenn die Stangen auf dem Boden liegen und ihr sie erst nach dem Verknoten aufrichtet.

Nun kommen die restlichen Stäbe zum Einsatz. Sie kommen jeweils in den Zwischenraum zwischen den schon aufgestellten Stangen. Lehnt sie schräg an und bindet dann alle sechs Stöcke mit dem zweiten Seil fest zusammen. Sorgt dafür, dass das Gerüst fest auf dem Boden steht und nicht umkippen kann.

Dann könnt ihr das Tipi windfest machen, indem ihr die Decken um das Gerüst legt. Am besten oben anfangen. Um zwei Decken miteinander zu verbinden, benutzt ihr Wäscheklammern. Überlegt euch vorher, an welcher Stelle der Eingang sein soll. Dort bleiben die Decken ein Stück weit offen. Um den Eingang später zu verschließen, befestigt ihr das Geschirrtuch oberhalb von ihm mit Wäscheklammern. So könnt ihr später leicht rein- und rausschlüpfen. Wenn noch Decken übrig sind, könnt ihr sie innen auf den Boden legen und das Tipi damit herrlich gemütlich machen.

Fertig ist das Indianerzelt, um das euch so mancher Häuptling der Umgebung beneiden wird! Was haltet ihr davon, gleich ein paar befreundete Squaws einzuladen und ein Fest zu feiern?

Dauerhaftes Weidentipi
Wenn ihr genügend Platz im Garten habt und es dort ausreichend sonnig ist, könnt ihr auch ein festes Weidentipi bauen.

Das braucht ihr: Weidenruten in der Höhe des Tipis und kürzer, (bei etwa 2 m Durchmesser und 2 m Höhe benötigt ihr etwa 30 lange und 15 kurze Ruten), Floristendraht, Paketschnur, kleine Nägel, Hammer, Seil

Baut zuerst das Grundgerüst wie beim Indianertipi beschrieben. Die Paketschnur befestigt ihr anschließend horizontal mit den Nägeln am Gerüst. Grabt außen um das Tipi eine ca. 30 Zentimeter tiefe Mulde und steckt in regelmäßigen Abständen zuerst die langen Weidenruten hinein (Eingang frei lassen). Richtet sie ein wenig diagonal aus, so wird das Tipi stabiler. Am oberen Ende bindet ihr die Ruten mit dem Seil zusammen. Nun kommen die kurzen Ruten in die Zwischenräume. Sie sorgen dafür, dass das Tipi auch an seiner breitesten Stelle später schön dicht bewachsen ist. Wenn nötig, könnt ihr die einzelnen Ruten mit dem Draht an den Streben und an der Paketschnur befestigen. Jetzt nur noch die Erde wieder auffüllen, schön festklopfen und gut wässern. Regelmäßig gießen, bis die Weiden gut verwurzelt sind.

PAPA ALS KÜNSTLER UND HANDWERKER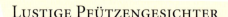

LUSTIGE PFÜTZENGESICHTER

Das braucht ihr: *Regen, Regenjacke und -hose, Regenhut oder Kapuze, Pfützen, Gummistiefel, Steine, Rinde, Blätter, Zapfen, Stöcke, Äste, Gräser etc.*

Manchmal gibt es nichts Schöneres, als wenn es an einem warmen Sommertag mal so richtig regnet. Wenn es prasselt und gießt, wie aus Eimern schüttet und durch die Blätter rauscht, wenn die Pfützen Blasen schlagen und bei jedem Wassertropfen kleine Fontänen in die Höhe schießen, ist es Zeit, rauszugehen und den Pfützen lustige Grinsegesichter zu verpassen.

Nur schnell rein in die wasserdichte Kleidung und raus in den Regenschauer! Je mehr Kinder mitkommen, desto mehr Spaß macht es. Um Pfützengesichter zu legen, könnt ihr alles benutzen, was in der Natur vorkommt. Sucht euch Äste und Steine in unterschiedlichen Größen, Gräser, Blätter, Tannen- oder Kiefernzapfen in der Nähe einer Pfütze zusammen. Dann geht es ans Verschönern. So eine Pfütze braucht Augen, Nase, Mund und Ohren. Haare dürfen auch nicht fehlen. Manche Pfützen kriegen sogar einen Körper mit Armen und Beinen.

Schaut euch euren Regentümpel genau an. Was könnte er gebrauchen, welches Gesicht würde ihm besonders gut stehen? Dann legt ihr aus den Sachen, die ihr gefunden habt, eure Pfützengestalt. Ein gewundener Stock wird zum Ohr, zwei Kiesel zu Augen, ein großer Stein zur Knollennase. Je lustiger, desto besser. Wenn ihr wollt, könnt ihr euren Gesichtern komische Namen geben, oder ihr schließt Wetten ab, wie lange es nach dem Regen dauert, bis sie wieder ausgetrocknet sind. Ein Foto als Erinnerung ist auch keine schlechte Idee!

Rasseln aus Joghurtbechern

Das braucht ihr: leere Joghurtbecher (immer 2 müssen die gleiche Größe und Form haben), Kunststoffkleber, breites Textilklebeband, Reis, Bohnen, Kirschkerne, Sand etc. zum Füllen, bunte Stoffreste, Klebefolie, farbiges Papier oder Permanent-Marker zum Dekorieren der Becher

Selbst Musik zu machen, ist wunderbar. Die Instrumente dafür auch noch eigenhändig herzustellen, erhöht den Spaß zusätzlich. Einfach ist es obendrein. Coole Rasseln aus Joghurtbechern lassen sich bereits in weniger als einer Stunde bauen. An den Kühlschrank und los!

Für eine Rassel braucht ihr immer zwei gleiche Becher. Schnappt euch den Joghurt, Deckel ab und erst mal eine Runde schmausen. Ihr braucht schließlich die leeren Becher. Die müsst ihr, nachdem ihr euch gestärkt habt, gut auswaschen und abtrocknen. Die Ränder dabei bitte nicht vergessen!

Jetzt könnt ihr den Reis, die Erbsen oder was ihr an Füllung vorgesehen habt, in einen der Becher füllen. Der andere bleibt leer. Nun streicht ihr die Ränder beider Becher gut mit Kunststoffkleber ein und setzt den leeren Becher kopfüber auf den vollen. Schön andrücken und anschließend zur Sicherheit noch mit dem Textilklebeband verkleben. Die erste Rassel ist schon fertig!

Wenn ihr wollt, könnt ihr nun ans Dekorieren gehen. Dazu beklebt ihr die fertige Rassel je nach Geschmack mit Stoff, Folie oder buntem Papier. Ist eure Rassel aus weißen Joghurtbechern, lassen sich mit Permanent-Markern auch ganz leicht schöne Muster aufmalen.

Prinzessinnenschloss zu den grünen Wipfeln

Das braucht ihr: Kanthölzer für die Last- und Querbalken, Bretter aus wetterfestem Holz (z. B. Lärche) für den Boden und die Seitenwände, Dachlatten, Dachpappe oder Schindeln, rostfreie Schrauben, Nägel und Muttern, viel Seil, Strickleiter oder Treppe aus Holz, Besenstiel, Bohrmaschine, Säge, Wasserwaage, Winkelmesser, Hammer, Farbe, Pinsel, Wachstuch, Rindenmulch oder Fallschutzmatten

Welcher Papa-König könnte seiner Prinzessinnen-Tochter wohl den Wunsch nach einem eigenen Schloss abschlagen? Sie bestimmt auch nicht! Befindet sich das Schloss dann auch noch in den Wipfeln der Bäume, geht meistens gleich noch ein Papa-Traum mit in Erfüllung.

Damit das Baumschloss Realität werden kann, braucht ihr natürlich einen schönen, gut verzweigten und stabilen Baum im Garten. Gut geeignet sind Bäume mit hartem Holz wie Eiche, Hainbuche, Linde und Ahorn. Pappel oder Nadelhölzer sind zu weich. Für die Plattform des Schlosses müssen die tragenden Äste mindestens 15 Zentimeter stark sein. Sägt die Hauptlastbalken zu und verschraubt sie fest miteinander und mit dem Baum. Ist die Fläche zwischen den Ästen nicht groß genug, um die gesamte Plattform aufzunehmen, kann ein Teil auch durch einen langen Pfosten zum Boden hin abgestützt werden. Auf die Lastbalken schraubt ihr hochkant in regelmäßigen Abständen Querbalken und darauf dann die Bretter für den Fußboden. Fertig ist das Fundament.

Jetzt muss die Prinzessin entscheiden, ob sie auf allen vier Seiten Wände haben möchte. Möglich ist nämlich auch, nur auf der Wetterseite eine Wand zu errichten oder zwei als Sichtschutz. Der Rest des Schlosses bliebe dann offen, damit die Dame den Blick über die eigenen Ländereien schweifen lassen kann. Wo die Absicherung durch eine Wand fehlt, knüpft ihr aus Seil ein Netz und befestigt es. Oder ihr baut aus weiteren Brettern eine Balustrade in Form von Burgzinnen. Damit die kleine Prinzessin nicht herunterfallen kann, müssen sie mindestens 90 Zentimeter hoch sein.

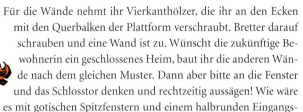

Für die Wände nehmt ihr Vierkanthölzer, die ihr an den Ecken mit den Querbalken der Plattform verschraubt. Bretter darauf schrauben und eine Wand ist zu. Wünscht die zukünftige Bewohnerin ein geschlossenes Heim, baut ihr die anderen Wände nach dem gleichen Muster. Dann aber bitte an die Fenster und das Schlosstor denken und rechtzeitig aussägen! Wie wäre es mit gotischen Spitzfenstern und einem halbrunden Eingangsportal, lieber Herr Papa?

Für das Dach baut ihr einen Rahmen, der auf die Wandbalken geschraubt wird. Ist die Dachfläche sehr groß, bringt ihr zusätzlich Dachlatten an, auf denen ihr dann die Schindeln oder die Dachpappe befestigt. Mit einer im Boden verankerten Leiter kommen die Prinzessin und ihr Gefolge sicher hoch und runter. Fallschutzmatten oder eine dicke Schicht Rindenmulch unter dem Schloss federn mögliche Plumpser sicher ab.

Streicht das Schloss in königlichen Gold- und Rosatönen oder schneidet aus poppigem Wachstuch Ornamente, Borten und Muster aus, die ihr an die Wände nagelt. Der Besenstiel kommt seitlich ans Haus und dient als Mast für die königliche Flagge.

PAPA ALS KÜNSTLER UND HANDWERKER

ÜBERFLIEGERDRACHEN

Das braucht ihr: Leisten aus leichtem Holz (z. B. Balsa) in 60 cm und 45 cm Länge, Holzleim, Kleber, Stift, dünnen Bindfaden, festen Zwirn, Drachenschnur, Transparent- oder Pergamentpapier, Messer, Laubsäge, Bohrmaschine, Schere

Wenn im Herbst der Wind über das Land pfeift, gibt es kaum etwas Schöneres, als Drachen steigen zu lassen. Und am meisten Spaß macht das, wenn der Drachen dafür auch noch selbst gebaut ist.

Legt die beiden Holzleisten so übereinander, dass ein Kreuz entsteht. Die kürzere Leiste befindet sich dabei im oberen Drittel der langen Leiste und wird so ausgerichtet, dass beide Enden gleich weit von der Mitte entfernt sind. Zeichnet die Position und Breite auf der langen Leiste an. An dieser Markierung kerbt ihr – vielleicht am besten der Papa – das Holz mit dem Messer so ein, dass die kurze Leiste guten Halt darin findet. Wenn alles passt, könnt ihr Holzleim in die Mulde geben und die beiden Hölzer fest miteinander verkleben. Die Klebestelle wird zusätzlich mit dem Zwirn fest umwickelt, damit sie sich wirklich nicht löst, denn bei Wind ist euer Drachen nachher ganz schön mächtigen Kräften ausgesetzt.

Im nächsten Schritt werden in alle Leistenenden dünne Löcher gebohrt. Durch sie könnt ihr den Bindfaden ziehen und so das Drachenkreuz einmal fest umspannen. Jetzt bestreicht ihr die Oberseite des Gerüstes gründlich mit Kleber und legt es mit der klebrigen Seite nach unten auf das Pergamentpapier. Achtet unbedingt darauf, dass das Papier glatt liegt und keine Falten wirft. Außerdem muss es auf jeder Seite ungefähr fünf Zentimeter überstehen. Etwas andrücken und dann das überstehende Papier mit den fünf Zentimetern Zugabe zuschneiden. Der jetzt noch überstehende Rand wird mit Kleber eingestrichen, um den Bindfaden herumgeklappt und fest angedrückt.

Damit der Drachen später gut in der Luft steht, braucht er an

PAPA ALS KÜNSTLER UND HANDWERKER

den Seiten noch zwei Ohrtroddeln. Diese schneidet ihr aus Papier. Ihr braucht mehrere handbreite Stücke, die ihr übereinanderlegt. Schneidet sie von der längeren Seite her fast bis zum Ende ein, rollt sie auf und befestigt die so entstandenen Ohren. Sie halten den Drachen hinterher im Gleichgewicht.

Für den langen Drachenschwanz (zehnfache Drachenlänge) faltet ihr Schleifen aus Papier, die in regelmäßigen Abständen an dem Zwirn befestigt werden. Um den Schwanz anzubringen, könnt ihr das untere Bohrloch verwenden. Hier fädelt ihr auch die Drachenschnur durch, genauso wie durch alle anderen Bohrlöcher. Einfach das Papier über den gebohrten Löchern mit einer Nadel durchstechen. Verbindet die Schnüre aus allen vier Enden mittig und nicht zu straff. Am Kreuzungspunkt wird dann die eigentliche Drachenschnur befestigt, an der euer Kunstwerk in den Himmel steigen kann.

Wenn ihr wollt, könnt ihr dem Drachen noch ein fröhliches Gesicht aufmalen, und los gehts zum nächsten Feld oder auf einen Hügel zum Ausprobieren! Guten Flug!

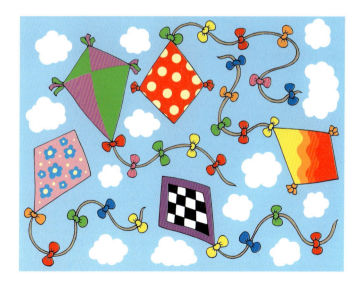

PAPA ALS KÜNSTLER UND HANDWERKER

STELZENBEINE FÜR KLEINE RIESEN

Das braucht ihr: 2 Vierkanthölzer (ungefähr 50 cm länger, als die Tochter groß ist), dickes Holzbrett (20 cm x 10 cm), 4 Schrauben mit Senkkopf, Bohrer, Säge, Schmirgelpapier, Holzlack, Pinsel

Wusstest ihr, dass Stelzen ursprünglich von französischen Schafhirten benutzt wurden, um auch über Hecken und Zäune hinweg nach den Schafen sehen zu können? Sie waren außerdem sehr praktisch, um trockenen Fußes durch nasse Wiesen und Felder zu stapfen. Heute läuft kein Schäfer mehr auf Stelzen, sondern nur Artisten auf Jahrmärkten und Straßenfesten. Für Kinder sind sie ein tolles Spielzeug, um die Geschicklichkeit zu trainieren. Den guten Überblick von hoch oben gibt es gratis dazu.

Stelzenbauen ist ganz leicht. Legt die beiden Vierkanthölzer nebeneinander auf den Boden und zeichnet die Höhe für das spätere Trittbrett an. Wenn man vorher noch nie auf Stelzen gelaufen bist, ist es leichter, wenn die Tritte nicht so hoch über dem Boden angebracht werden. Später könnt ihr sie immer noch weiter nach oben versetzen.
An der gekennzeichneten Stelle bohrt ihr ein Loch durch die Stelze und 7,5 Zentimeter darunter noch eines. Wenn ihr wollt, könnt ihr zum späteren Verstellen der Stelzen auch vorsorglich die höheren Löcher bohren (Abstand jeweils 7,5 Zentimeter).

Aus dem dicken Holzbrett werden die Trittstufen gesägt. Markiert dazu auf der Oberkante einen Punkt in fünf Zentimetern Abstand von der linken Seite, auf der Unterkante einen Punkt in 15 Zentimetern Entfernung von links. Wenn ihr die beiden Punkte mit einer Linie verbindet, erhaltet ihr die Sägekante. Teilt das Holz an der Linie. Nun habt ihr zwei gleich große Stücke. In die 15 Zentimeter lange Seite bohrt ihr zwei Löcher leicht an (Abstand 7,5 Zentimeter). Verwendet dazu einen Bohrer, der eine Nummer kleiner ist als der für das Durchbohren der Vierkanthölzer.

Jetzt könnt ihr die Tritte durch das Vierkantholz hindurch anschrauben. Schraubt sie so fest, dass die Schraubenköpfe im Holz verschwinden. Zum Schluss müssen alle Teile noch schön glatt geschmirgelt werden, damit man sich keinen Splitter holt. Wenn ihr möchtet, könnt ihr die fertigen Stelzen noch anstreichen. Das schützt das Holz und sieht auch schön aus. Ob ihr euch dabei für einen schlichten Klarlack oder eine bunte Variante entscheidest, hängt allein von eurem Geschmack ab.

Toll, eigene Stelzen! Aber wie läuft man eigentlich damit? Auf die Tritte stellen, die Stelzen gut festhalten und an den Körper pressen. Nun mit kleinen Schritten lostrippeln. Du kannst dich zum Aufsteigen auch mit den Stelzen an eine Wand lehnen oder an Papa festhalten. So kannst du dich ausbalancieren, bevor du die ersten Schritte wagst. Nicht entmutigen lassen, wenn es nicht auf Anhieb klappt! Ein bisschen Übung macht den Meister!

PAPA ALS KÜNSTLER UND HANDWERKER

ABCDEFG ...

Das braucht ihr: Pappe (DIN A1), alte Zeitungen und Zeitschriften, Schere, Klebstoff, transparente Folie oder „Elefantenhaut" (Tapetenschutz), Nagel oder Klebepads

Wenn das Kinderzimmer einen Wandschmuck braucht und die Tochter es schon längst nicht mehr erwarten kann, wenigstens in die Vorschule zu kommen, ist es an der Zeit, gemeinsam ein ABC-Poster zu basteln.

Sucht euch alte Zeitungen und Zeitschriften, die ihr zerschneiden könnt. Blättert sie durch und schneidet von jedem Buchstaben des Alphabets den schönsten aus. Ihr braucht jeweils einen Groß- und einen Kleinbuchstaben. Hübsch ist natürlich, wenn sie unterschiedliche Farben haben, damit euer Plakat schön bunt wird. Wenn ihr wollt, könnt ihr zu jedem Buchstaben auch noch ein Beispielwort suchen und ausschneiden. Also A wie Apfel, C wie Clown oder N wie Nagel.

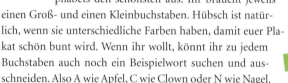

Habt ihr alle Buchstaben (und Wörter) beisammen, ordnet ihr sie von A bis Z probeweise auf der Pappe an. So könnt ihr sehen, ob der Platz reicht und ob euch die Anordnung des Alphabets auf dem Bogen gefällt. Ist alles so, wie ihr es haben wollt, klebt ihr nun das Papier auf die Pappe. Ist euer Alphabet fertig, überzieht ihr das Plakat mit transparenter Folie oder bestreicht es mit „Elefantenhaut". Das hat den Vorteil, dass die Buchstaben geschützt werden. Die Oberfläche wird schön glatt, lässt sich mit einem feuchten Tuch abwischen und die Farben verblassen nicht so schnell.

Jetzt braucht ihr nur noch einen schönen Platz für das Poster auszusuchen und könnt es aufhängen.

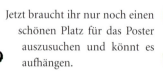

PAPA ALS KÜNSTLER UND HANDWERKER

FLASCHENMUSIK

Das braucht ihr: *mehrere leere Glasflaschen, Kochlöffel oder Stöckchen aus Holz, Wasser, Klebepunkte, Stift, Papier*

Wenn es mal wieder Zeit ist, das Altglas zum Container und die leeren Wasserkästen zum Supermarkt zu bringen, gönnt euch doch ausnahmsweise noch einen kleinen Aufschub. Nutzen könnt ihr ihn für wunderbar hell klingende Musik aus der Flasche. Diese ist die Verzögerung auf jeden Fall wert!

Füllt die Glasflaschen unterschiedlich hoch mit Leitungswasser. Schlagt ihr nun mit dem Holzlöffel gegen die Flasche, erklingt ein Ton, der sich je nach Höhe des Wasserstandes anders anhört. Ist die Flasche voll, ist der Ton tief, gießt ihr etwas Wasser heraus, wird der Ton heller. Experimentiert mit der Wassermenge, bis jede Flasche einen anderen Ton erzeugt. Stellt sie nun nebeneinander auf und komponiert eure eigene Wassermusik mit den Flaschen.

Wenn ihr auf jede Flasche einen Klebepunkt macht, könnt ihr alle gut sichtbar nummerieren. Anhand der Zahlen ist es dann ganz leicht, die von euch komponierte Musik aufzuschreiben. Noten müsst ihr dazu nicht können. Schreibt die Zahlen einfach in der Reihenfolge auf, in der ihr die Flaschen anschlagt. Das könnte nachher z. B. so aussehen: 2, 7, 7, 9, 3, 4, 2, 2, 8.

Und damit Mama nicht sauer wird, weil ihr die Flaschen immer noch nicht weggebracht habt, ladet ihr sie zu einem ganz privaten und einmaligen Wasserflaschen-Konzert ein!

PAPA ALS KÜNSTLER UND HANDWERKER

FANTASTISCHE STEINE

Das braucht ihr: *Steine vom Strand oder aus dem Laden (am besten solche mit einer glatten Unterseite), Acrylfarbe, Klarlack, Pinsel*

Sammelt ihr auch so gerne Steine? Dann achtet doch das nächste Mal besonders auf solche, die eine gerade Unterseite haben. Sie lassen sich am besten aufstellen und eignen sich deshalb prima, um aus ihnen kleine Kunstwerke herzustellen. Wenn ihr keine geeigneten Steine findet, könnt ihr auch welche kaufen.

Die Steine, die ihr bemalen möchtet, müssen sauber und trocken sein. Am besten wascht ihr sie vorher einmal gründlich ab und lasst sie in der Sonne trocknen. Anschließend könnt ihr sie nach Lust und Laune bemalen. Sollen dunkle Kiesel später einen hellen Anstrich bekommen, ist es besser, sie zuerst weiß zu grundieren. Dann müsst ihr natürlich warten, bis sie völlig
trocken sind, ehe ihr eine neue Farbe aufmalt.

Damit die bunten Steine hinterher schön glänzen und die Farbe länger hält, könnt ihr sie im Anschluss mit Klarlack bestreichen. Es geht aber auch ohne. Hier sind einige Ideen für eure Steine:

Auf ganz flache Kiesel lassen sich wunderbar Marienkäfer oder Frösche malen. Mehrere Steine mit einer hohen runden Oberseite können zu einem kleinen Dorf werden. Dazu malt ihr auf die obere Hälfte das Dach und darunter Fenster, Türen, Kletterpflanzen oder Blumen. Kreisrunde Steine werden im Handumdrehen zu Geldtalern, Keksen, Blütenblättern oder Schwimmreifen.

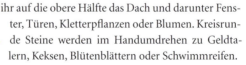

BASTELN FÜR DIE KLEINSTEN – KORKENSCHLANGE

Das braucht ihr: alte Weinkorken, Champagner- oder Sektkorken, Messer, Handbohrer, roten langen Schnürsenkel, Schnur, wasserfesten schwarzen Filzstift oder aufklebbare Augen aus dem Bastelladen

Kinder lieben Tiere, die sie am Band hinter sich herziehen können. Und wenn die Tiere auch noch beweglich sind, ist das besonders toll. Die Korkenschlange ist schnell gebastelt, und auch die Kleinsten können dabei mithelfen.

Ihr braucht mindestens zehn alte Wein- und einen Champagner oder Sektkorken, die noch aus Kork sind. Die Weinkorken werden in ungefähr einen Zentimeter dicke Scheiben geschnitten. Das macht am besten der Papa, weil dazu ein scharfes Messer und ein bisschen Kraft nötig sind. In die Mitte der Scheiben wird mit dem Handbohrer ein Loch gebohrt, durch das später der Schnürsenkel gezogen wird.

Sind alle Scheiben geschnitten und gebohrt, könnt ihr sie auffädeln. Der rote Schnürsenkel muss am Ende für den Schwanz und am Kopf für die Zunge ein Stück herausschauen. Zwischen den einzelnen Korkengliedern macht ihr am besten einen Knoten, dann rutschen sie nicht so dicht aufeinander. Der Schlangenkopf wird aus einem Champagnerkorken geschnitzt, der ist besonders groß und vor allem rund. Zum Schluss nur noch die Augen aufmalen oder aufkleben, Schnur hinter dem Kopf befestigen und fertig!

Die Schlange kann sogar in der Badewanne schwimmen. Dann solltet ihr die Augen mit wasserfestem Stift aufgemalt statt geklebt haben und die Schnur muss aus nicht färbendem Material sein.

PAPA ALS KÜNSTLER UND HANDWERKER

Cheeeese

Das braucht ihr: *Digitalkamera, Stativ, Computer, Drucker, Fotopapier*

Schaut Ihre Tochter auch so gerne die Bilder im Album an? Die meisten Kinder lieben Fotos, die scheinbar magische Anziehungskräfte besitzen. Oma und die Cousins, der Zeltplatz aus dem letzten Urlaub, das Eichhörnchen im Baum, der Geburtstagstisch und das Klassenfoto. Immer wieder werden sie angesehen und durchgeblättert. Wenn Ihnen dieses Phänomen bekannt vorkommt, hat Ihre Tochter wahrscheinlich auch Spaß daran, selbst einmal die Kamera in die Hand zu nehmen.

Mit modernen Digitalkameras zu fotografieren, hat viele Vorteile. Die Bedienung ist in der Regel recht einfach und die Bilder lassen sich sofort begutachten. Was nicht gefällt oder nichts geworden ist, löscht ihr einfach gleich wieder. Das spart hinterher enorm viel Fotopapier, wenn ihr Ausdrucke erstellen wollt. Fotos zu machen, schult den Blick. Stimmt der Ausschnitt mit dem überein, was ihr gesehen habt und fotografieren wolltet? Falls nicht, startet ihr sofort den nächsten Versuch. Probiert so lange, bis ihr zufrieden seid.
Das klappt aber nur bei Fotomotiven, die nicht weglaufen oder sich bewegen können. Übt deshalb zuerst am unbeweglichen Objekt wie Landschaften oder einzelnen Gegenständen.

Worauf kommt es beim Fotografieren an? Logisch, ihr braucht ein Motiv! Wenn ihr das gefunden habt, versucht ihr, es in Szene zu setzen. Aus welchem Blickwinkel ist es am interessantesten? Ihr könnt es seitlich, von unten oder von oben aufnehmen. Wollt ihr ganz dicht mit der Kamera herangehen oder es aus weiter Ferne ablichten? Mit dem Zoom, so der Fachbegriff dafür, findet ihr spielend die richtige Größe.

PAPA ALS KÜNSTLER UND HANDWERKER

Die Qualität des Bildes hängt aber auch davon ab, ob es scharf oder verwackelt ist. Wollt ihr z. B. durch Bäume hindurch eine Ente fotografieren, kann es passieren, dass der Vordergrund zwar ganz deutlich zu erkennen ist, das eigentliche Motiv aber nicht. Wichtig ist dann, im Sucher der Kamera auf die Ente zu fokussieren, d. h. scharf zu stellen. Die meisten Kameras machen das automatisch, wenn der Auslöser halb heruntergedrückt wird.

Viele Apparate haben voreingestellte Programme, z. B. für Aufnahmen im Gegenlicht oder für solche mit viel Bewegung. Schaut dazu in die Bedienungsanleitung oder direkt in das Menü der Kamera. Wählt das passende Programm aus der Liste aus und benutzt es für eure nächste Aufnahme.

Jeder Fotoapparat hat einen kleinen eingebauten Blitz. Den braucht ihr, wenn es schon zu dunkel ist, um deutliche Aufnahmen zu machen. Allerdings nützt er nur etwas, wenn euer Motiv nicht zu weit entfernt ist. Manchmal stört der Blitz auch, z. B. wenn ihr Personen aufnehmt, die an ihrer Kleidung Reflektorstreifen tragen. Die Streifen leuchten dann auf dem Bild oft so hell, dass der Rest kaum zu erkennen ist. Schaltet den Blitz in so einem Fall aus. Für lange Belichtungszeit nehmt ihr ein Stativ, damit die Bilder nicht verwackeln.

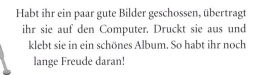

Habt ihr ein paar gute Bilder geschossen, übertragt ihr sie auf den Computer. Druckt sie aus und klebt sie in ein schönes Album. So habt ihr noch lange Freude daran!

Papa als Künstler und Handwerker

Vogelhäuschen

Das braucht ihr: Fichtenholz in 1,8 cm Stärke für die Bodenplatte (16,5 cm x 12,2 cm), 2 Seitenwände (25 cm x 12,2 cm), Vorder- und Rückwand (35 cm x 20 cm). Fichtenholz in 1 cm Stärke für 2 Dachhälften (17 cm x 20 cm), 2 Leisten aus Fichtenholz (jeweils 12 cm lang, 2 cm x 2 cm), für das Dach Rinde oder Holzschindeln (20 cm x 20 cm), Säge, Nägel, Hammer, Senkkopf-Holzschrauben (3,5 mm x 3,5 cm), Akkuschrauber, Schmirgelpapier

Es macht viel Spaß, Vögel zu beobachten. Die gefiederten Freunde sind putzig, sie zwitschern fröhlich und zeigen uns an, dass der Frühling endlich wieder da ist. Damit sich die kleinen Flugkünstler bei euch so richtig wohlfühlen, könnt ihr ihnen ein Vogelhäuschen bauen. Das ist im Handumdrehen erledigt, und ihr dürft gespannt sein, wann die ersten Mieter einziehen.

1. Übertragt die oben angegebenen Maße auf die Holzplatten. Die Vorder- und Rückwand zeichnet ihr ab einer Höhe von 25 Zentimetern zum Mittelpunkt hin dreieckig, sodass ein Giebel entsteht.
2. Alle Einzelteile für das Häuschen schneiden am besten Sie aus, lieber Papa. In die Vorderseite bohren oder schneidet ihr zusätzlich ein Einflugloch. Die Größe dafür hängt von der Vogelart ab, die bei euch einziehen soll. Rotschwanz, Kohlmeise und Sperling brauchen ein Loch von mindestens 3,4 Zentimetern Durchmesser, Buntspecht und Star 3,5 Zentimeter, der Haubenmeise, Blau- und Schwarzmeise reicht eine Öffnung von 2,7 Zentimetern.

PAPA ALS KÜNSTLER UND HANDWERKER

3. Die Leisten werden nun auf die Innenseite von Vorder- und Rückwand geleimt und zusätzlich angenagelt. Der Abstand zur unteren Kante beträgt dabei jeweils drei Zentimeter.
4. Als Nächstes leimt ihr die Seitenwände an die Vorder- und Rückseite. Auch hier könnt ihr die Verbindung zusätzlich mit ein paar Nägeln sichern.
5. Ist bis hierhin alles fest und gut miteinander verbunden, schraubt ihr nun die Bodenplatte von unten gegen die Halteleisten. Eine Verschraubung ist an dieser Stelle wichtig, damit ihr im Herbst oder Winter die Bodenplatte leicht wieder herausnehmen könnt, um den Nistkasten zu reinigen.
6. Jetzt befestigt ihr die Dachplatten ebenfalls mit Leim.
7. Wenn die Klebestelle getrocknet ist und nichts mehr verrutschen kann, deckt ihr das Dach mit Schindeln oder Baumrinde. Dachpappe eignet sich dafür nicht, da das Holz, wenn es einmal nass geworden ist, anschließend nicht richtig durchtrocknen kann.
8. Jetzt braucht ihr nur noch einen geeigneten Platz für das Häuschen und könnt es aufhängen. Am besten sollte die Öffnung nach Osten oder Südosten zeigen und der Kasten in mindestens zwei Metern Höhe über dem Boden angebracht werden. Neigt den Kasten beim Befestigen ein klein wenig nach vorn, dann regnet es nicht so leicht hinein.

Falls ihr den Kasten streichen wollt, benutzt ihr am besten umweltfreundliche Farben und Lacke. Damit erhöht ihr eure Chancen, dass ein Vogel einzieht und schützt gleichzeitig die Gesundheit der kleinen Bewohner.

Sketchabend

Das braucht ihr: eine Auswahl an Sketchen, Gegenstände, mit denen ihr eure Geschichte ausschmücken könnt (z. B. Schere für den Friseur, Spazierstock für den Opa etc.), Publikum, Einladungskarten

Sketche sind lustige kleine Geschichten, die eine überraschende Wendung am Schluss haben. Diese Pointe sorgt dann für Lacher im Publikum. Sketche aufzuführen, macht Spaß. Die Texte sind nicht so lang wie bei einem Theaterstück, deshalb müsst ihr nicht so viel auswendig lernen. Erzählt werden in der Regel alltägliche, leicht verständliche Begebenheiten. Und wenn die Zuschauer über eure Aufführung herzhaft lachen, ist das eine tolle Belohnung für die Mühe, die ihr euch gemacht habt.

Überlegt euch zuerst, wie lang eure Aufführung ungefähr werden soll. Wollt ihr nur einen Sketch aufführen, dauert das vielleicht nur fünf Minuten. Plant ihr dagegen eine große Aufführung mit mehreren Stücken, braucht ihr entsprechend mehr Zeit und müsst ein paar Sketche zusätzlich aussuchen und proben. Wenn ihr euch nicht selbst welche ausdenken wollt, findet

PAPA ALS KÜNSTLER UND HANDWERKER

ihr in der Bücherei bestimmt eine gute Auswahl. Auch im Internet werdet ihr sicher schnell fündig.

Lest euch die Geschichten gegenseitig vor, so stellt ihr am schnellsten fest, welche ihr lustig findet und welche nicht. Habt ihr euch für eine Auswahl entschieden, kopiert ihr den Text am besten zweimal oder druckt ihn doppelt aus, damit ihn jeder für sich lernen kann. Bei einem langen Abend mit vielen Sketchen ist es schwierig, den ganzen Text auswendig zu lernen. Dann ist es natürlich auch möglich, ihn vom Blatt abzulesen. Achtet dabei darauf, dass die Schrift groß genug ist, sodass ihr ihn während des Spielens auch problemlos lesen könnt.

Übt den Text mehrmals mit verteilten Rollen. So macht ihr euch mit ihm vertraut und kennt auch die Sätze eures Mitspielers. Als Nächstes könnt ihr die Gestik und Mimik üben, bevor ihr den Sketch einmal vollständig durchspielt. In vielen Texten finden sich dazu bereits Regieanweisungen, wie „Schulterzucken" oder „mit den Füßen aufstampfen".

Ist die Auswahl der Stücke getroffen, sind die Rollen verteilt und die ersten Lesungen erfolgreich über die Bühne gegangen, macht ihr euch an die Ausstattung eurer Stücke. Welche Requisiten braucht ihr unbedingt, weil sie direkt in dem Sketch vorkommen, welche wären zusätzlich schön? Sucht alles zusammen und probt dann noch einmal mit kompletter Ausstattung. Habt ihr das Gefühl, der Text sitzt und alle Abläufe sind klar, könnt ihr euch weitere Gedanken über die Aufführung machen.

Habt ihr genügend Platz auf eurer „Bühne"? Braucht ihr zusätzlich einen Vorhang? Wo sollen eure Zuschauer sitzen? Wo und wann soll die Aufführung stattfinden? Wer soll dazu eingeladen werden? Besorgt alles, was ihr jetzt noch benötigt. Schreibt die Einladungskarten und vielleicht sogar ein kleines Programmheft, in dem die aufgeführten Stücke genannt werden. Ist alles bereit? Dann Bühne frei und – toi, toi, toi!

Zimmer 25

Personen: Frau Schmitz, Hotelportier
Dauer: 5 Minuten
Requisiten: 2 Telefone, Flasche Wasser, Glas, dickes Buch

Fr. Schmitz: Hallo, spreche ich mit dem Portier? Hier ist Frau Schmitz von Zimmer 25.

Portier: Ja, hier ist der Portier am Apparat.

Fr. Schmitz: Ich fliege morgen nach Rom. Ist es möglich, dort für mich ein Zimmer mit Bad zu reservieren?

Portier: Bitte warten Sie, ich werde nachschauen. *(Er blättert in seinem Reservierungsbuch.)* Es tut mir leid, wir haben keine Zimmer frei, nicht ein einziges. Bitte versuchen Sie es nächste Woche noch einmal! *(legt auf)*

Fr. Schmitz: *(wählt neu, leicht verärgert)* Hier ist noch einmal Frau Schmitz. Immer noch Zimmer 25! Sie müssen mich eben falsch verstanden haben. Ich brauche für morgen ein Zimmer. Und zwar in Rom, nicht hier in Stockholm!

Portier: Oh, Sie rufen extra aus Rom an? Das tut mir wirklich sehr leid, aber deshalb ist trotzdem kein Zimmer mehr frei.

Fr. Schmitz: *(verdreht die Augen)* Nein, so verstehen Sie doch! Ich bin nicht in Rom, ich bin hier in Stockholm! Ich möchte aber ein Zimmer in Rom. Mit Bad bitte!

Portier: *(leicht verwirrt)* Aber dieses Hotel hier ist nicht in Rom, meine Dame, wir sind in Stockholm.

Fr. Schmitz: *(langsam wütend)* Natürlich, das weiß ich, ich wohne schließlich hier.

Portier: *(sehr verwirrt)* Hier bei uns?

Fr. Schmitz: Ja, um Gottes willen, in Zimmer 25!!! Wie oft soll ich Ihnen das denn noch sagen?

SKETCH

Portier: *(erleichtert)* Oh, dann ist doch alles gut. Oder sind Sie nicht zufrieden?

Fr. Schmitz: *(ungeduldig)* Doch, ja, ja. Aber ich muss geschäftlich nach Rom.

Portier: Ach so! Möchten Sie, dass ich Ihr Gepäck hole?

Fr. Schmitz: Ja, aber erst morgen!

Portier: Sehr wohl, meine Dame. Gute Nacht! *(legt auf)*

Fr. Schmitz: *(rauft sich die Haare, trinkt einen Schluck und wählt dann neu)* Hier ist noch einmal Frau Schmitz. *(fast flehend)* Ach, bitte, ich bräuchte doch nur ein Zimmer mit Bad. Können Sie das nicht reservieren?

Portier: Moment *(blättert in seinem Buch)*, ist leider alles belegt.

Fr. Schmitz: *(schreit fast)* Ich will kein Zimmer in diesem Hotel!!! Ich habe schon eins, Zimmer 25!!!

Portier: Zimmer 25 *(blättert in seinem Buch)* – ist leider besetzt.

Fr. Schmitz: *(verzweifelt)* Ja, von mir, zum Donnerwetter.

Portier: Möchten Sie stattdessen ein anderes Zimmer?

Fr. Schmitz: Nein *(betont jedes Wort)*, ich ziehe morgen hier aus und möchte dann ein Zimmer in Rom!

Portier: Für morgen?

Fr. Schmitz: Ja.

Portier: Warten Sie, ich schaue nach. *(blättert in seinem Buch)* Mit Bad?

Fr. Schmitz: Ja.

Portier: Da haben Sie aber wirklich Glück! Morgen habe ich ein Zimmer für Sie!

Fr. Schmitz: *(erleichtert)* Na, Gott sei Dank!

Portier: Zimmer 25 wird morgen frei.

Kullerige Kordelkugeln

Das braucht ihr: *Gold- oder Silberkordel, Paketschnur oder dickes Verpackungsband aus Sisal, Jute etc., Luftballon, Tapetenkleister, Eimer, alte Zeitung*

Kordelkugeln könnt ihr in verschiedenen Größen herstellen. Sie sind eine schöne Dekoration und lassen sich einfach basteln. Schneidet zuerst die Kordeln oder Schnüre in einzelne Stücke. Die Länge hängt von der späteren Größe eurer Kugeln ab. Für die Größe einer Orange braucht ihr ungefähr zehn Zentimeter lange Abschnitte, für Fußballgröße mindestens 30 Zentimeter Länge.

Rührt als Nächstes den Kleister nach den Angaben auf der Packung an. Den Eimer voll Kleber stellt ihr am besten auf eine Lage Zeitungspapier und breitet sie auch außen herum zum Schutz des Bodens aus. Es lässt sich später nämlich kaum vermeiden, dass Kleister auf den Boden tropft. Jetzt kommen alle Kordelstücke in den Kleber. Sie müssen rundherum gut eingeschmiert sein.

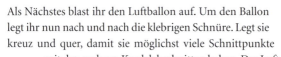

Als Nächstes blast ihr den Luftballon auf. Um den Ballon legt ihr nun nach und nach die klebrigen Schnüre. Legt sie kreuz und quer, damit sie möglichst viele Schnittpunkte mit den anderen Kordelabschnitten haben. Der Luftballon sollte zum Schluss noch ein wenig zu sehen sein. Befestigt anschließend einen Faden am Luftballonknoten und hängt ihn zum Trocknen auf. Wenn die Kordelkugel trocken ist, lasst ihr den Luftballon platzen und zieht die Reste aus der Kugel.

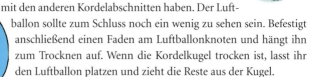

Das fertige Kunstwerk lässt sich aufhängen, einfach ins Regal legen oder – wenn es groß genug ist – mit einer Lichterkette beleuchten.

Königliche Flagge

Das braucht ihr: *Plastiktüten in verschiedenen Farben, Schere, Klebstoff, Heftgerät, langen Holzstab oder Stock*

Ein Freudentag: Zum Geburtstag der Prinzessin wird die königliche Flagge gehisst. So kann jeder sehen, dass im Schloss eine große Feier stattfindet. Oh, die Prinzessin hat keine eigene Flagge? Dann flechtet schnell noch eine! Das geht ganz leicht. Super ist auch, dass ihr für eine standesgemäße Beflaggung nicht extra einkaufen müsst. Ihr habt bestimmt alles im Haus.

Sucht euch aus den vorhandenen Plastiktüten die farbenfrohesten und die mit den wildesten Mustern aus. Schneidet die Tüten in 2,5 Zentimeter breite und etwa 45 Zentimeter lange Streifen. Von dieser Länge benötigt ihr insgesamt neun Streifen. Sie bilden den waagerechten Teil der Flagge. Senkrecht braucht ihr zwölf Streifen (2,5 Zentimeter breit, 30 Zentimeter lang).

Auf einen kurzen Streifen klebt ihr nun ganz oben das Ende eines langen Streifens. Einmal umdrehen und den nächsten langen Streifen direkt darunter festkleben. Wieder umdrehen und weitermachen, bis alle langen Plastikbänder befestigt sind. Zwischen die langen Streifen flechtet ihr die kurzen. Dazu fädelt ihr den Streifen abwechselnd über und unter dem anderen hindurch. Klebt beide Enden fest, damit später nichts verrutscht. Auf die gleiche Weise webt ihr auch die restlichen kurzen Streifen ein.

Zwei Plastikbänder, die in der Mitte gefaltet werden, heftet ihr mit der geschlossenen Seite oben und unten an den Rand der Flagge. Bindet sie damit an den Stock. Hurra, die Feier kann beginnen!

PAPA ALS KÜNSTLER UND HANDWERKER

KAUFMANNSLADEN

Das braucht ihr: Leimholz in den Maßen: 20 cm x 120 cm (2 x für die Seitenteile des hinteren Regals), 20 cm x 60 cm (2 x für die Seitenteile der Theke), 20 cm x 80 cm (10 x als Regalbretter), 10 cm x 80 cm (2 x als Fuß und Front für die Theke), 50 cm x 120 cm (Seitenteil für mehr Stabilität), Spanplatte (eine Seite weiß beschichtet), in 4 mm Stärke für die Rückwand (110 cm x 83,2 cm), Rundholzleisten, Holzleim, Holzschrauben 4 cm x 4 cm, Bohrer, Säge, Farbe, Pinsel, Schmirgelpapier, fertige Regaleinsätze und Schubläden, Tafellack

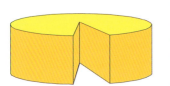

Jedes Kind möchte gerne einen eigenen Laden besitzen. Es macht Spaß, Waren zu sortieren, Obst zu verkaufen, Würstchen abzuwiegen und die Kasse klingeln zu lassen. Allerdings sind Kaufläden aus dem Spielzeughandel oft recht teuer. Bauen Sie stattdessen für relativ wenig Geld an einem Wochenende selbst einen. Ihre Tochter hilft sicher mit Begeisterung beim Schmirgeln und Schrauben.

Lasst euch im Baumarkt die Bretter auf die oben angegebenen Maße zuschneiden. So habt ihr zu Hause wenig Dreck und spart außerdem noch Zeit.

Baut zuerst das hintere Regal zusammen. Dafür verleimt und verschraubt ihr sieben von den Regalbrettern (20 cm x 80 cm) mit den 1,20 Meter langen Seitenteilen. Je ein Brett bildet dabei die Decke beziehungsweise den Boden des Regals. Alle anderen werden als spätere Regalböden dazwischen montiert. Achtet bei den Abständen der Böden darauf, dass die gekauften Schubladen und Einsätze später hineinpassen.

Auf den fertigen Rahmen schraubt ihr anschließend die Rückwand mit der weißen Seite nach innen. Dann macht ihr euch an den Bau der Theke. Die 60 Zentimeter langen Seitenteile werden mit den restlichen Regalböden ebenfalls verleimt und verschraubt. Schön ist hier, wenn ihr den unteren Boden schräg anstellt. So kann die kleine Verkäuferin ihr Obst und Gemüse später

PAPA ALS KÜNSTLER UND HANDWERKER

gut präsentieren. Damit nichts rutscht, schraubt ihr Rundholzleisten als Kisten-Stopper an. Die schmalen Bretter (10 cm x 80 cm) befestigt ihr als Blende am Kopf- und Fußteil der Theke. So schnell ist das zweite Bauteil fertig!

Jetzt müsst ihr nur noch die beiden Regale miteinander verbinden. Dazu schraubt ihr das breite Seitenteil (50 cm x 120 cm) zwischen Regal und Theke. Wenn ihr wollt, könnt ihr das Holz im oberen Teil spitz zulaufen lassen, damit der Laden etwas eleganter aussieht. Sägt dazu ab der Oberkante der Theke ein dreieckiges Stück aus. Bleibt das Holz in ganzer Breite und Länge stehen, könnt ihr es später mit Tafellack streichen und dort z. B. die Angebote der Woche notieren.

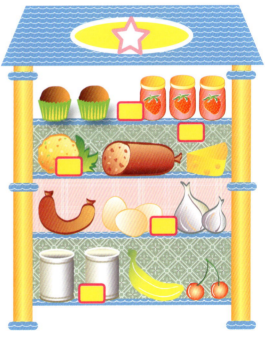

Sind alle Teile gut verschraubt, verleimt und getrocknet, geht es ans Streichen. Schmirgelt raue Stellen vorher glatt, fegt den Schleifstaub ab, und dann nichts wie ran an die Farbtöpfe! Die Farbauswahl trifft selbstverständlich die zukünftige Ladenbesitzerin. Streicht den Laden und die Schubladen, falls nötig, zweimal. Noch alles gut trocknen lassen, dann kann der Laden eingeräumt werden und Papa darf den ersten Einkauf tätigen.

45

PAPA ALS KÜNSTLER UND HANDWERKER

SCHLUMMERSCHLOSS

Das braucht ihr: *Sperrholz, Vierkanthölzer, Leisten oder Rundhölzer, Bohrmaschine, Stichsäge, Holzdübel, Holzleim, Schrauben, große stabile Holzkugeln, Pappe, Bleistift, Cuttermesser, Vorstreichfarbe, Lack (rosa, weiß, gold), Pinsel, Glitzerdekor, Klebstoff, Baldachin oder Stoff aus Tüll (rosa, weiß), Schere*

Das Leben ist so aufregend und spannend. Immer gibt es noch etwas zu entdecken, nie sind alle Spiele gespielt und immer ist es zu früh, ins Bett zu gehen. Da sind sich fast alle Kinder einig: Schlafen ist soooo langweilig! Erst recht, wenn das Bett ebenfalls öde ist. Dabei brauchen Prinzessinnen unbedingt eine standesgemäße Schlafstatt, findet wahrscheinlich auch Ihre Tochter.

Damit nicht gleich ein neues Bett für das kleine Persönchen gekauft werden muss, verwandeln Sie das alte mit relativ geringem Aufwand in eine für Prinzessinnen angemessene Schlafoase. Bei einem Holzbett ist das ganz leicht.

Lasst euch im Baumarkt in der Breite des Bettes zwei Platten aus Sperrholz zusägen, die das Kopf- und Fußteil des Bettes bilden. Die Höhe kalkuliert ihr so, dass die Liegefläche um mindestens einen Meter überragt wird. Überlegt euch, wie das Holz im oberen Bereich ausgeschnitten werden soll. Es kann z. B. die Form von Schlosszinnen bekommen oder wie die Zacken einer Prinzessinnenkrone aussehen. Zeichnet die Form auf das Holz und sägt es aus. Die erste fertige Platte kann dann als Schablone für die Zweite dienen. Wenn ihr mögt, sägt ihr in das Fußteil zusätzlich eine Aussparung für ein Fenster. Befestigt anschließend beide Sperrholzteile mit Schrauben am alten Holzrahmen.

Mit den Vierkanthölzern verlängert ihr die alten Bettpfosten ebenfalls um mindestens einen Meter in die Höhe. Am leichtesten geht das mit Holzdübeln und Leim. Bohrt in beide Pfosten in die Mitte ein Loch. Etwas Holzleim und den Dübel hinein, schon lassen sich beide Teile ganz einfach aufeinanderstecken! Mit Leisten oder Rundhölzern verbindet ihr anschließend oben die Pfosten, sodass eine Art Rahmen entsteht.

Danach kommt Farbe ins Spiel. Das Bett streicht ihr in den Farben Weiß und Rosa. Dazu schleift ihr den alten Lack an und grundiert anschließend mit Vorstreichfarbe. Lackiert das Bett daraufhin noch zweimal mit dem endgültigen Lack. Die vier großen Holzkugeln bekommen einen Anstrich in Gold. Sind sie trocken, könnt ihr sie an allen Ecken als Füße unter das Bett schrauben.

Aus der Pappe schneidet ihr mit dem Cutter eine Vorlage für eine Krone. Übertragt die Form anschließend mit einem Stift auf die hohen Seitenteile und malt sie vorsichtig mit der restlichen Goldfarbe aus. Ihr könnt auch noch goldene Punkte als Bordüre auftupfen oder Glitzerdekor aufkleben.

Zum Schluss schneidet ihr den Tüll in lange Bahnen und drapiert ihn über den Rahmen und über eine Bettseite als Himmel. Fertig ist das neue Prinzessinnenbett! Wetten, dass es sich darin herrlich von grimmigen Drachen und tapferen Rittern träumen lässt?

PAPA ALS KÜNSTLER UND HANDWERKER

Pump my bike

Das braucht ihr: *Schraubenschlüssel passend zu den Muttern am Rad, Felgenhebel oder Löffel, Reparatur-Set mit Schmirgelpapier, Flicken und Kleber, Putzlappen, Eimer mit Wasser, Luftpumpe*

In den Augen ihrer Töchter sind Papas große Helden. Schließlich können sie fast alles wieder heil machen: von ganz allein abgefallene Puppenarme, fürchterlich verbogene Bügel von Mamas liebster Sonnenbrille, auf denen selbstverständlich niemand saß, gar nicht zu reden von allerlei in tausend Teile zersprungenen Gegenständen, und natürlich platte Fahrradreifen.

Damit Sie als Held nicht so einsam sind, reparieren Sie den nächsten Platten ruhig zusammen mit Ihrer Tochter, die damit in den Rang einer Co-Heldin aufsteigt.

So wird der Reifen wieder ganz: Stellt den Drahtesel auf den Kopf, also auf Lenker und Sattel. Jetzt muss das Rad ausgebaut werden. Beim Vorderrad ist das auch ganz einfach. Ihr öffnet die Schnellspanner oder löst die Nabenmuttern mit dem Schraubenschlüssel und hebt das Rad heraus. Hat das Hinterrad ein Loch, müsst ihr zusätzlich die Kette von den Zahnrädern heben. Nehmt dazu einen alten Lappen, dann werden die Hände nicht ganz so schwarz.

Im nächsten Schritt wird der Mantel von der Felge gehoben. Dazu gibt es sehr praktische Felgenhebel, die ihr so zwischen Mantel und Felge schiebt, dass sich der Mantel ganz leicht herunterheben lässt. Habt ihr keine Felgenhebel, geht es auch mit Löffeln aus der Küchenschublade. Nehmt solche mit schön abgerundeten Ecken, damit ihr den Schlauch nicht zusätzlich verletzt. Ist der Mantel an einer Seite vollständig abgezogen, zieht ihr vorsichtig den Schlauch heraus. Vorher das Ventil lösen!

PAPA ALS KÜNSTLER UND HANDWERKER

Pumpt den Schlauch auf und drückt ihn dann Stück für Stück in die Schüssel mit Wasser. Steigen an einer Stelle kleine Bläschen auf, habt ihr das Loch gefunden. Merkt euch die Stelle oder markiert sie. Dann trocknet ihr den Schlauch gut ab. Dort, wo sich das Loch befindet, raut ihr den Schlauch mit dem Schmirgelpapier leicht an. Tragt den Kleber auf und wartet, bis er fast trocken ist, erst dann kommt der Flicken darauf.

Nun pumpt ihr den Schlauch ganz auf und prüft, ob an der geflickten Stelle noch Luft entweicht. Dazu braucht ihr den Schlauch nur leicht an die Lippen zu halten. Jeden Lufthauch würdet ihr dort sofort spüren. Alles dicht? Prima!

Bevor der Schlauch wieder unter den Mantel kommt, wischt ihr ihn innen und die Felge einmal rundherum mit dem Lappen ab. Alle Krümel, jeder Dreck muss raus, sonst habt ihr gleich wieder einen schlappen Reifen. Schiebt den Schlauch anschließend vorsichtig unter den Mantel. Liegt er gerade, drückt ihr den Mantel zurück in die Felge. Das geht am Anfang noch ganz leicht, am Schluss braucht ihr wahrscheinlich wieder den Felgenhebel oder den Löffel.

Baut das Rad wieder ein. Kontrolliert, ob auch alle Muttern fest angezogen sind, das Rad gleichmäßig rund läuft und die Bremse greift. Zum Schluss füllt ihr den Reifen mit Luft. Fahrradhelm auf, und ab gehts zur Probefahrt.

PAPA ALS KÜNSTLER UND HANDWERKER

TANZ AUF DER LEINWAND

Das braucht ihr: *altes Bettlaken (am besten weiß), Fingermalfarbe, Pinsel, Stuhl, Schüssel mit Wasser, Schwamm, altes Handtuch, Stoffschere, Klarlack zum Sprühen, Holzleisten, Bleistift, Gehrungsschiene, Holzleim, Hammer, kleine Nägel, Tacker, Bilderhaken, fetzige Musik*

Habt ihr schon einmal ein Bild getanzt? Noch nie? Dann wird es aber Zeit. Mit den Füßen malen ist ein ganz besonderer Spaß. Der Pinsel kitzelt unter den Fußsohlen, die Farbe selbst fühlt sich ganz samtig an, die Bewegung macht gute Laune und das Ergebnis ist immer farbenprächtig und schön.

Breitet das Bettlaken auf dem Boden aus. Füllt die Schüssel mit Wasser und legt Pinsel und Farbe bereit. Jetzt heißt es Hosen hochkrempeln und Socken ausziehen. Tragt mit dem Pinsel Fingermalfarbe auf die Fußsohlen auf. Setzt euch dazu am besten direkt neben das Laken auf einen Stuhl. So könnt ihr die Füße hochhalten und euch von dort aus direkt auf das Laken stellen. Läuft die Musik schon? Gut! Dann könnt ihr nach Lust und Laune lostanzen. Bewegt euch zur Musik über das Laken, tanzt, hüpft oder springt.

Die Farbe an den Füßen ist relativ schnell „abgetanzt". Ihr könnt die gleiche wieder auftragen oder euch für eine andere Farbe entscheiden. Wollt ihr die Farbe wechseln, steigt ihr von dem Bettlaken in die mit Wasser gefüllte Schüssel. Wascht die alte Farbe ab, trocknet die Füße am Handtuch und sucht euch eine neue Farbe aus. Schon kann es weitergehen. Tanzt, solange ihr Spaß habt oder bis euer Betttuch mit bunten Fußstapfen bedeckt ist. Dann muss das Laken ausreichend trocknen.

PAPA ALS KÜNSTLER UND HANDWERKER

Bewundert euer Werk und entscheidet, ob ihr es als Ganzes rahmen wollt oder in Teilen. Wenn ihr viel Platz habt, könnt ihr es als Riesengemälde an die Wand hängen. Ihr könnt das Laken aber auch in mehrere Stücke schneiden und ganz viele Bilder daraus machen, die ihr dann an Freunde und Verwandte verschenkt.

Aus den Holzleisten baut ihr einen Rahmen, auf den der Stoff gespannt wird. Der Rahmen muss dabei um ein paar Zentimeter kleiner werden als euer Stoffstück, damit ihr es um den Rahmen herumspannen und auf der Rückseite festtackern könnt. Legt dazu die Holzleisten auf den Stoff, sodass an jeder Seite ungefähr fünf Zentimeter überstehen. Zeichnet die Länge am Holz an. Sägt die Holzleiste in der Gehrungsschiene so zurecht, dass ihr die Abschnitte anschließend zu einem Rahmen verleimen könnt. Kleine Nägel machen die Verbindung zusätzlich stabil. Ist der Rahmen getrocknet, spannt ihr den Stoff darüber. Gespannt wird immer diagonal. Wenn ihr zuerst die linke obere Ecke befestigt, macht ihr rechts unten weiter und spannt danach links oben und zuletzt rechts unten. Die umgeklappten Stoffränder tackert ihr fest.

Ist alles schön gerade, könnt ihr zum Abschluss das Bild gleichmäßig und dünn mit Klarlack einsprühen. Dadurch bleiben die Farben frisch und der Stoff verschmutzt nicht so schnell. Jetzt nur noch den Bilderhaken an der Rückseite befestigen und aufhängen. Geschafft!

PAPA ALS KÜNSTLER UND HANDWERKER

FRÖHLICHE KNETFIGUREN

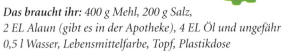

*Das braucht ihr: 400 g Mehl, 200 g Salz,
2 EL Alaun (gibt es in der Apotheke), 4 EL Öl und ungefähr
0,5 l Wasser, Lebensmittelfarbe, Topf, Plastikdose*

Knete selbst herzustellen, ist kinderleicht. Außerdem ist sie unschlagbar billig, absolut ungiftig und auch für kleine Kinderhände leicht zu formen, weil sie in der Regel weicher ist als Knete aus dem Bastelladen.

Verrührt das Mehl zusammen mit dem Salz und dem Alaun. Bringt das Wasser zum Kochen und gebt das Öl hinzu. Jetzt rührt ihr nach und nach die Mehlmischung unter, bis ein geschmeidiger Teig entsteht. Ist die Masse noch zu klebrig, gebt ihr einfach zusätzlich Mehl dazu, bis sie nicht mehr an den Fingern haftet.

Damit die Knete fröhlich bunt wird, könnt ihr sie mit Lebensmittelfarbe einfärben. Wenn ihr Farbe in Pulverform habt, müsst ihr sie mit dem Wasser verrühren, bevor ihr sie in den Teig mischt. Ist sie flüssig, könnt ihr sie auch erst in den fast fertigen Teig geben und einrühren. Anschließend muss die Knete nur noch auskühlen, dann ist sie fertig zum Spielen.

Damit die Knete lange Zeit schön weich bleibt, bewahrt ihr sie am besten in einer gut verschließbaren Plastikdose auf. So trocknet sie nicht allzu schnell aus. Ist die Knete irgendwann dreckig oder krümelig, kommt sie in den Hausmüll oder auf den Kompost und ihr kocht euch schnell eine frische Portion.

Das Rezept ergibt ungefähr ein Kilogramm Knete. Ladet also ruhig gleich die Nachbarskinder zum Spielen ein!

PAPA ALS KÜNSTLER UND HANDWERKER

REGAL AUS OBSTKISTEN

Das braucht ihr: alte Obstkisten aus Holz, Schrauben, Nägel, Dübel, Bohrmaschine, Schmirgelpapier, Pinsel und Farbe

Wie wäre es mit einem gemeinsamen Ausflug zum Wochenmarkt? Ihr könntet den Einkauf erledigen und ganz nebenbei noch beim Obst- und Gemüsehändler fragen, ob ihr alte Holzkisten bekommt. Die Chancen stehen besonders gegen Ende des Marktes ganz gut. Dann räumen die Händler zusammen und haben oft viele leere Kisten. Darin könnt ihr auch gleich euren Einkauf nach Hause tragen.

Wieder zu Hause geht es an die Arbeit. Die Kisten schmirgelt ihr mit dem Schmirgelpapier ab. Das verringert die Gefahr, dass ihr euch später einen Splitter holt, und sorgt zusätzlich dafür, dass sich das Holz besser streichen lässt. Ist alles schön glatt, fegt ihr den Staub ab und könnt streichen. Wenn ihr ganz sorgfältig arbeiten wollt, grundiert ihr die Kisten zuerst, bevor ihr die eigentliche Farbe auftragt. Es geht aber auch ohne Grundierung. Ist die Farbe trocken, wird die Kiste mit passenden Schrauben an der Wand befestigt. Je nach Beschaffenheit der Wand braucht ihr dazu Dübel. Wie wäre es, Papa, wenn Sie das übernehmen? Dann können Sie auch sicherstellen, dass keine Stromleitung getroffen wird.

Wenn ihr mehrere Kisten habt, könnt ihr eine ganze Regalwand oder einen hohen Kistenturm bauen. Verbindet die Kisten dann noch untereinander mit Schrauben, so bekommt das Regal mehr Stabilität.

Ist das neue Regal fertig, ziehen die Teddys in ihr neues Zuhause, die Bilder der Freundinnen bekommen einen schönen Platz, die Malstifte sind in Reichweite und die Lieblingsbücher stehen ordentlich in Reih und Glied.

PAPA ALS KÜNSTLER UND HANDWERKER

PAPIER SCHÖPFEN

Das braucht ihr: alte Zeitungen oder Eierkartons, wasserlösliche Farbe, Papierleim, Tacker, Schere, Holzrahmen (so groß, wie das Papier später werden soll), ein Fliegengitter und weiße Stoffreste (beides etwas größer als der Rahmen), Wäscheklammern, Wäscheleine, 2 glatte Platten, zwischen denen später das Papier gepresst wird, und eine große Waschschüssel, in die der Rahmen hineinpasst

Selbst geschöpftes Papier ist etwas ganz Besonderes. Jedes Blatt ist anders und einmalig. Es eignet sich vor allem als Briefpapier oder für schöne Verpackungen. Papier mit der Hand zu schöpfen, braucht ein wenig Vorbereitung und Geduld. Der Aufwand lohnt sich aber auf jeden Fall. Probiert es aus!

Um Papier herzustellen, braucht ihr einen Schöpfrahmen. Den könnt ihr leicht aus einem alten Holzrahmen und Fliegengitter basteln. Den Rahmen wählt ihr in der Größe, die später auch euer Papier haben soll. Das Fliegengitter tackert ihr auf den Rahmen, die überstehenden Ränder schneidet ihr mit der Schere ab.

Jetzt weicht ihr die alten Zeitungen oder den Eierkarton in Wasser ein. Am besten reißt ihr das Material in kleine Stücke, dann löst es sich schneller auf. Ihr könnt die Masse entweder über Nacht in dem Wassereimer stehen lassen oder im Mixer zerkleinern, wenn es schnell gehen soll. Der fertige Brei kommt in die Waschschüssel und wird mit einem gehäuften Teelöffel Papierleim verrührt. Der Leim verhindert später, dass die Tinte auf dem fertigen Papier verläuft.

PAPA ALS KÜNSTLER UND HANDWERKER

Falls ihr farbiges Papier schöpfen wollt, mischt ihr dem Brei jetzt noch wasserlösliche Farbe, z. B. Tusche bei. Für bunte Tupfen und Flecken könnt ihr aber auch farbiges Konfetti und Schnipsel, die nur kurz eingeweicht wurden, mit in den Brei geben.

Zum Schöpfen führt ihr den Rahmen senkrecht in die Schüssel und schwenkt ihn am Wannengrund horizontal. Dann hebt ihr ihn langsam heraus. An den Maschen des Gitters sind nun die im Wasser aufgelösten Papierteilchen hängen geblieben. Achtet darauf, dass der Brei möglichst gleichmäßig auf dem Gitter verteilt ist. Den Großteil des Wassers lasst ihr über der Schüssel ablaufen. Den Rest müsst ihr aus dem Papier pressen.

Legt dazu eine der glatten Platten vor euch auf den Tisch. Darauf breitet ihr ein Stück weißen Stoff aus und legt vorsichtig euer geschöpftes Papier darauf. Deckt es mit dem zweiten Stück Stoff und der zweiten Platte ab. Jetzt könnt ihr alles mit einem schweren Gegenstand beschweren und nach einigen Minuten das fertige Papier hervorholen. Hängt es zum Trocknen an die Wäscheleine und schöpft schon mal den nächsten Bogen.

Sollte euer Papier zerfallen, ist die Masse nicht fest genug und ihr müsst noch mehr Papierschnipsel hinzufügen. Verläuft die Tinte auf dem Bogen zu sehr, muss etwas mehr Leim hinein. Am Anfang müsst ihr vielleicht ein bisschen probieren, bis alles klappt. Nach kurzer Zeit habt ihr aber den Bogen raus. Ganz bestimmt!

PAPA ALS KÜNSTLER UND HANDWERKER

KERZENWERKSTATT

Das braucht ihr: Wachs (entweder alte Kerzenreste nach Farben sortiert oder Wachs aus einem Bastelgeschäft) Gefäße, in die die Kerzen gegossen werden können (Joghurtbecher, Gläser etc.), Knete, Schaschlik-Spieße, Kerzendocht, Kochtopf, leere, hohe Dosen

Kerzen könnt ihr auf zwei verschiedene Arten herstellen. Sie können gegossen oder gezogen werden. Für welche Variante ihr euch entscheidet, hängt von der Kerzenform und von eurer Geduld ab. Bei gegossenen Kerzen liegen die einzelnen Schichten übereinander, sind also geringelt, und ihr könnt ohne großen Aufwand auch sehr dicke Exemplare machen. Kerzen zu ziehen dauert wesentlich länger. Die Wachsschichten lagern sich um den Docht herum an (gekringelt). Das ergibt lange, schmale Exemplare.

Kerzen gießen

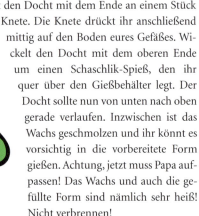

Erhitzt das Wachs im Wasserbad. Währenddessen könnt ihr die Gießform vorbereiten. Nehmt kein schönes Glas, denn ihr bekommt die Kerze nicht so leicht wieder heraus. Mit einem Joghurtbecher ist das einfacher, den könnt ihr zerschneiden. Befestigt den Docht mit dem Ende an einem Stück Knete. Die Knete drückt ihr anschließend mittig auf den Boden eures Gefäßes. Wickelt den Docht mit dem oberen Ende um einen Schaschlik-Spieß, den ihr quer über den Gießbehälter legt. Der Docht sollte nun von unten nach oben gerade verlaufen. Inzwischen ist das Wachs geschmolzen und ihr könnt es vorsichtig in die vorbereitete Form gießen. Achtung, jetzt muss Papa aufpassen! Das Wachs und auch die gefüllte Form sind nämlich sehr heiß! Nicht verbrennen!

PAPA ALS KÜNSTLER UND HANDWERKER

Wenn ihr nur eine Farbe gießen wolltet, seid ihr jetzt bereits fertig. Soll noch eine zweite Farbe hinzukommen, müsst ihr warten, bis die erste Schicht richtig fest geworden ist, sonst vermischen sich die Farben miteinander. Wie viele Ringel eure Kerze bekommen soll, entscheidet ihr ganz allein. Die einzige Begrenzung ist natürlich der obere Rand eures Gefäßes. Zum Schluss lasst ihr alles gut auskühlen, bevor ihr die Kerze aus der Form holt. Im Glas dient sie als schönes Windlicht. Vor dem Benutzen kürzt ihr noch den Docht, sonst rußt es zu sehr.

Kerzen ziehen

Um Kerzen zu ziehen, braucht ihr die gleichen Utensilien wie beim Gießen. Während das Wachs in einer hohen Dose im Wasserbad schmilzt, könnt ihr den Docht auf die richtige Länge schneiden. Er muss so lang sein, wie die Kerze werden soll, plus einer Zugabe von ungefähr 15 Zentimetern. Diese Zugabe braucht ihr, damit ihr den Docht bequem um den Finger wickeln könnt. An das untere Ende kommt ein fester kleiner Knoten.

Wenn das Wachs flüssig ist, taucht ihr den Docht hinein und zieht ihn zügig wieder heraus. Haltet den Docht immer über die Dose, damit das abtropfende Wachs in den Behälter zurückläuft. Langsam bis 30 zählen oder ein kleines Liedchen singen, dann erneut eintauchen. Wichtig ist, dass ihr den Docht schnell eintunkt, schnell herausholt und danach eine halbe Minute verstreichen lasst. Ist die Zeit zwischen zwei Tauchgängen zu kurz, ist die letzte Wachsschicht noch nicht fest genug. Ihr würdet sie dann wieder abschmelzen und eure Kerze würde kein bisschen dicker werden.

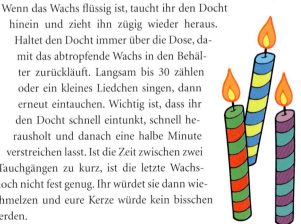

PAPA ALS KÜNSTLER UND HANDWERKER

BLUMEN, BLÜTEN, GRÄSER PRESSEN

Das braucht ihr: *frische Blumen, Blüten oder Gräser, Körbchen zum Sammeln, alte Zeitungen oder Löschpapier, viele schwere Bücher*

Was haltet ihr von einem Spaziergang durch Feld, Wald und Wiesen? Da manche Kinder nicht so wahnsinnig gerne spazieren gehen, weil sie das einfach zu langweilig finden, muss sich der Papa etwas einfallen lassen, z. B. unterwegs Pflanzen sammeln, um sie später zu pressen.

Schnappt euch ein kleines Körbchen, in das später eure Ausbeute an Pflanzen kommt. Los gehts! Sammelt unterwegs, was euch gefällt. Das können Wildkräuter von der Wiese sein, Farne vom Rand des Moors oder auch interessante Blätter aus dem Wald. Packt alles behutsam in euren Korb. Wieder zu Hause trocknet ihr die gesammelten Pflanzen zwischen Zeitungs- oder Löschpapier. Blüten öffnet ihr dazu ganz vorsichtig, damit sie später in voller Pracht zu sehen sind. Legt sie auf eine Lage Papier und deckt eine weitere Lage Papier darüber. So schichtet ihr immer abwechselnd Pflanzen und z. B. Zeitung aufeinander. Die oberste Schicht ist aus Papier. Darauf legt ihr möglichst schwere Bücher wie Lexika oder dicke Telefonbücher.

Jetzt braucht ihr Geduld. Die Blüten sollten ungefähr zwei Wochen trocknen. Dann könnt ihr sie vorsichtig aus der Zeitung nehmen und zum Gestalten von Karten, Briefen und Tagebüchern verwenden. Oder ihr legt ein Pflanzenbestimmungsbuch an: Dazu braucht ihr ein leeres Buch, in das ihr pro Seite eine getrocknete Pflanze einklebt. Darunter könnt ihr notieren, wie sie heißt und wo ihr sie gefunden habt.

PAPA ALS KOCH

PAPA ALS KOCH

TOASTPIZZA

Das braucht ihr: *Toastscheiben, Tomatenmark, Oregano, Salz, Pfeffer, Käse zum Überbacken, Salami, Kochschinken, Tomaten, Paprika, Mais, Oliven, Peperoni, Ananas, Champignons, Thunfisch, Krabben, Backpapier*

Nach einem langen Tag an der frischen Luft sind alle hungrig. Die vielen erfolgreich bestandenen Abenteuer haben Kraft gekostet und ganz schlapp gemacht. Eine Stärkung muss her, am besten schnell!

Toastpizza zu backen, ist kinderleicht. Das Essen ist im Handumdrehen fertig und schmeckt allen. Jeder kann sich seinen Toast schließlich so belegen, wie er will: mit allem, was da ist, oder nur mit wenigen ausgewählten Zutaten, süß oder herzhaft, mit Fisch oder Fleisch. Außerdem praktisch: Meist reichen zum Belegen die Lebensmittel aus, die sich sowieso im Kühl- und Vorratsschrank befinden.

Stellt aus Tomatenmark, Wasser, Oregano, Salz und Pfeffer eine Paste her. Bestreicht die Toastscheiben anschließend damit. Jetzt belegt ihr euren Toast mit allem, was euch schmeckt. Wie wäre es mit Kochschinken, Mais und Ananas? Oder Salami, Peperoni und Oliven? Auf eure Auswahl kommt zum Schluss noch der Käse zum Überbacken, dann kann alles in den vorgeheizten Ofen (ungefähr 180 °C). Wenn der Käse geschmolzen ist, ist auch der Toast fertig. Ab auf den Teller damit – lecker! Wer noch hungrig ist, kann gleich noch einen kreieren und verspeisen! Probiert verschiedene Zusammenstellungen aus, bis ihr euren absoluten Toast-Favoriten gefunden habt.

PAPA ALS KOCH

Popcorn

Das braucht ihr: *Popcorn-Mais, Sonnenblumenöl, Zucker, Salz, Butter, Topf oder Pfanne mit passendem Deckel, Schüssel*

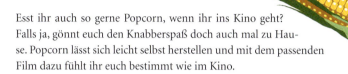

Esst ihr auch so gerne Popcorn, wenn ihr ins Kino geht? Falls ja, gönnt euch den Knabberspaß doch auch mal zu Hause. Popcorn lässt sich leicht selbst herstellen und mit dem passenden Film dazu fühlt ihr euch bestimmt wie im Kino.

Ein wichtiger Hinweis vorab: Das Öl muss sehr heiß sein, damit die Maiskörner platzen. Auch der Topf oder die Pfanne erhitzen sich bei der Zubereitung stark. Lassen Sie Ihre Tochter deshalb nicht allein mit den Geräten hantieren, lieber Papa, und achten Sie auf einen ausreichenden Sicherheitsabstand zum Herd.

Gießt gerade so viel Sonnenblumenöl in den Topf, dass der Boden bedeckt ist. Dann kommt eine Schicht Maiskörner hinzu. Auf höchster Kochstufe erhitzt ihr das Öl jetzt ganz stark. Vergesst bloß nicht den Deckel, denn bereits nach kurzer Zeit explodieren die Körner und es hört sich an, als würden massenhaft Silvesterböller gezündet! Klasse ist, wenn ihr einen Topf mit Glasdeckel habt, dann könnt ihr dem wilden Hüpfen und Springen darin zusehen. Damit die Körner nicht zusammenkleben, ist es gut, den Topf zwischendurch etwas zu schwenken oder zu schütteln. Verebben die Geräusche aus seinem Inneren, ist das Popcorn fertig. Nehmt es vom Herd, schüttet es in eine Schüssel und gebt ganz nach Geschmack Zucker, Salz oder geschmolzene Butter darüber.

Super lecker wird es mit karamellisiertem Zucker. Dazu schmelzt ihr Zucker in dem noch heißen Topf, gebt das Popcorn dazu, umrühren, fertig!

PAPA ALS KOCH

GLÜCKSKEKSE

Das braucht ihr für den Teig: *40 g Butter, 3 Eier, 60 g Puderzucker, 60 g Mehl, Salz, Backpapier, Schneebesen, Schüssel, Pfanne*
Für den guten Wunsch: *kleine Zettel, Stifte*

Esst ihr im chinesischen Restaurant, bekommt ihr zum Schluss oft einen Glückskeks mit auf den Weg. Sie werden in China vor allem an Silvester verteilt. Die im Keks verborgene Botschaft besteht aus netten oder lustigen Sprüchen und guten Wünschen für das neue Jahr. Wenn euch dieser Brauch auch so gut gefällt, versucht euch doch einmal selbst als Glückskeks-Bäcker und Gute-Wünsche-Erfinder.

Damit eure Wünsche später gut in den Keks passen, müsst ihr sie möglichst klein aufschreiben. Entweder mit einer klitzekleinen, aber ganz ordentlichen Schrift, sodass sie hinterher gut entziffert werden können. Oder ihr schreibt die Texte gleich am Computer in einer kleinen Schriftgröße und druckt sie aus. Denkt euch freundliche Wünsche aus, z. B. „Jeden Tag eine dicke Umarmung", „Zeit zum gemeinsamen Spielen". Schreibt Sprüche und Zitate auf, die euch gefallen oder verschenkt mit dem Keks einen Gefallen. Wie wäre es mit „Ein Mal Zimmer aufräumen", „Freiwillig einkaufen" oder „Ein Eis spendieren"?

Das Rezept für Original-Glückskekse aus China ist denkbar einfach. Zerlasst die Butter in einem Topf bei geringer Hitze. Während die flüssige Butter wieder leicht abkühlt, trennt ihr die Eier. Ihr benötigt für die Kekse nur das Eiweiß, das Eigelb könnt ihr kalt stellen und später zu Rührei verarbeiten. Schlagt die drei Eiweiße mit dem Schneebesen schaumig. Sie müssen nicht ganz steif sein. Gebt den Puderzucker und eine Prise Salz hinzu. Danach rührt ihr das Mehl unter und gebt die ausgelassene Butter ebenfalls zu der Masse. Jetzt könnt ihr den Backofen auf 180 Grad Celsius vorheizen und das Backpapier präparieren. Nehmt dazu ein normales Wasserglas und einen dunklen Filzstift. Malt nun mithilfe des Glases drei bis vier Kreise auf das Backpapier und dreht es dann um. Scheinen sie durch? Gut! Sie dienen euch als Orientierung für die Größe der Kekse. Auf die Kreise gebt ihr nun einen gehäuften Teelöffel Glückskeks-Teig, streicht ihn glatt und ab in den

PAPA ALS KOCH

Ofen damit! Auf das Blech würden noch wesentlich mehr Kekse passen, backt aber trotzdem nicht mehr als vier auf einmal. Ihr müsst die Kekse nämlich nach dem Backen falten, solange sie noch heiß sind. Kühlen sie zu schnell ab, zerbrechen sie dabei sehr leicht.

Die Kekse backt ihr ungefähr fünf bis sechs Minuten. An den Rändern sollten sie leicht braun sein, dann sind sie fertig.

Nehmt sie aus dem Ofen und legt euren klein gefalteten Zettel hinein. Jetzt klappt ihr den Keks einmal zur Mitte um, sodass ein Halbkreis entsteht. Habt ihr die Ränder gut angedrückt, wird er mit der geraden Seite über den Rand eines Glases gestülpt. So bekommt er seine typische Form. Während die erste Lage Kekse auskühlt, könnt ihr bereits die nächste Fuhre in den Ofen schieben. Lasst sie anschließend an der Luft gut trocknen, bis sie hart sind. Erst danach können sie zur Aufbewahrung in eine Dose.

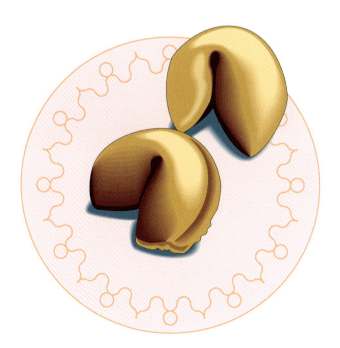

PAPA ALS KOCH

Leckeres Sahne- oder Joghurteis

Das braucht ihr: Mixer, Löffel, Messer, Rührschüssel, Metallschüssel, Gefrierfach

Für echtes Vanilleeis: 6 Eier, 200 g Puderzucker, 1 Bourbon-Vanillestange, 600 ml süße Sahne

Für Schokoladeneis: 250 ml süße Sahne, 200 ml Vollmilch, 3 Eigelb, 60 g Zucker, 1 Pck. Vanillezucker, 40 g Zartbitterschokolade, Rumaroma

Für Joghurtfruchteis: 200 g süße Sahne, 150 g milder Joghurt, 350 g tiefgekühlte Früchte (z. B. Himbeeren, Waldbeeren, Heidelbeeren), 8 TL Puderzucker

Spätestens, wenn der erste warme Tag des Jahres da ist, steigt die Lust auf ein Eis. Vanille und Schoko oder doch lieber Zitrone und Himbeere? Ist die Lieblingssorte beim Italiener immer ausverkauft oder die nächste Eisdiele zu weit weg, zaubert euch euren Favoriten doch einfach selbst! Das ist gar nicht schwer und geht auch ohne Eismaschine. Hauptsache, ihr habt ein Gefrierfach, in dem genug Platz für eine Schüssel ist.

Vanilleeis
Schlagt die Sahne mit dem Mixer ganz steif. Rührt die Eier in einer zweiten Schüssel zusammen mit dem Puderzucker schön schaumig. Schneidet die Vanillestange der Länge nach auf und kratzt mit einem Messer das Mark heraus. Verrührt es anschließend mit der Eimasse, hebt die geschlagene

PAPA ALS KOCH

Sahne unter und stellt die Schüssel in die Gefriertruhe. Am schnellsten gefriert die Masse, wenn sie in einer Metallschüssel ist. Rührt euer Eis jede Stunde einmal kräftig durch. So bilden sich keine Kristalle und es wird schön cremig.

Schokoladeneis
Gebt jeweils die Hälfte der Milch und der Sahne in einen Topf und erhitzt sie. Nicht kochen! Die Eigelbe verrührt ihr mit Zucker und Vanillezucker in einer Schüssel. Gießt anschließend die warme Milch-Sahne-Mischung unter ständigem Rühren ganz langsam dazu. Jetzt kommt alles zurück in den Topf. Erhitzt die Masse so lange, bis sie spürbar eindickt. Nehmt den Topf vom Herd und lasst ihn abkühlen. Währenddessen zerkleinert ihr die Schokolade mit einem Messer und gebt sie zusammen mit der restlichen Milch in einen Topf. Schmelzt die Zutaten im Wasserbad und lasst auch sie im Anschluss kalt werden. Beide Mischungen rührt ihr danach zusammen. Schlagt die restliche Sahne, bevor auch sie in die Masse kommt. Wenn ihr wollt, fügt ihr zum Schluss noch das Rumaroma hinzu. Es schmeckt aber auch ohne. Ab in den Gefrierschrank und wie bei dem Vanilleeis in regelmäßigen Abständen umrühren, bis es fertig ist.

Joghurtfruchteis
Püriert die Früchte mit dem Mixer. In einer weiteren Schüssel schlagt ihr die Sahne zusammen mit dem Joghurt und dem Puderzucker schön cremig. Danach gebt ihr das pürierte Obst dazu und mixt alles zusammen so lange weiter, bis die Zutaten gut miteinander vermischt sind – schon ist alles fertig zum Tiefkühlen! Zwischendurch wieder umrühren.

Wenn ihr Freude am Eisbereiten gefunden habt, könnt ihr die Rezepte variieren oder euch neue ausdenken. Verfeinert z. B. das Schokoeis mit Streuseln oder gebt zum Vanilleeis zusätzlich Krokant oder getrocknete Früchte. Viel Spaß beim Schlecken!

PAPA ALS KOCH

Essensmemo

Das braucht ihr: Schal, viele Teelöffel, verschiedene Lebensmittel oder Speisen (z. B. Gummibärchen, Obststücke, Kekse, Käse, Ketchup)

Memory® kennt jedes Kind. Das beliebte Spiel ist ein echter Klassiker, den es in unzähligen Variationen und Formen gibt. Ganz gleich, ob Zootiere oder berühmte Gemälde das Thema der Karten sind, die Regeln sind seit Urzeiten gleich. Karten müssen sich gemerkt und Pärchen gefunden werden. Kinder sind die wahren Meister dieses Spiels, den Erwachsenen meist haushoch überlegen und deshalb mit enorm viel Freude bei der Sache. Wenn das bei euch zu Hause auch der Fall ist, habt ihr sicher auch Spaß an dieser kulinarischen Variante des Spiels.

Ihr braucht viele verschiedene Lebensmittel und eine Menge Teelöffel. Alles, was eklig oder zu scharf ist, sollte nicht verwendet werden! Mit verbundenen Augen müsst ihr dann die beiden Speisen herausschmecken, die zusammengehören. Die Person, die zuerst rät, bekommt mit dem Schal die Augen verbunden. Wenn sie wirklich nichts mehr sehen kann, werden die Teelöffel mit den Speisen bestückt. Auf einen Löffel füllt ihr das Lebensmittel, das erraten werden soll, z. B. ein Gummibärchen. Auf die fünf anderen Löffel kommen vier neue Speisen und natürlich noch ein Gummibärchen. Zuerst kostet ihr den Löffel mit dem Essen, das zweimal vorkommt. Anschließend probiert ihr in wahlloser Reihenfolge die anderen Löffel. Schmeckt ihr das Gegenstück heraus, habt ihr ein Pärchen und seid noch einmal dran. Bei Gummibärchen ist es natürlich einfach. Findet ihr es nicht heraus, darf der andere sein Glück probieren. Wer zuerst drei Pärchen hat, gewinnt.

Mini-Prinzessinnen-Baisers

Das braucht ihr: 3 Eier, 200 g Zucker, 1 Pck. Vanillezucker, 1 TL Zitronensaft, Lebensmittelfarbe, Schüssel, Mixer, Backpapier, Spritzbeutel

Die locker, luftig leichten Baisers zergehen unglaublich zart auf der Zunge – wie ein Kuss, weshalb sie nach dem französischen Wort dafür, „Baiser", benannt wurden. Auch kleine Prinzessinnen lieben das süße Gebäck, das sich übrigens ohne großes Backtalent problemlos herstellen lässt.

Probiert es aus! Die Zutaten sind schnell beisammen, denn die Nascherei besteht nur aus den Hauptzutaten Zucker und Eischnee. Trennt die Eier vorsichtig. Schlagt anschließend das Eiweiß so steif, dass ihr es schneiden könntet. Gebt währenddessen beide Zuckersorten nach und nach hinzu, sodass sich alles gut vermischt. Auch der Zitronensaft kommt zu der Masse. Er sorgt zusätzlich dafür, dass der Eischnee gut fest wird. Weil Prinzessinnen ganz verrückt nach der Farbe Rosa sind, gebt ihr jetzt noch ein paar Tropfen rote Lebensmittelfarbe hinzu, bis ein zarter rosa Farbton entsteht.

Die Masse füllt ihr in einen Spritzbeutel mit Sterntülle und spritzt sie auf das mit Backpapier belegte Blech. Formt ganz kleine Baisers zum Naschen oder große, die ihr später füllen könnt. Das Blech schiebt ihr in den auf 100 Grad Celsius vorgeheizten Backofen. Dort bleiben sie für ungefähr 90 Minuten zum Trocknen. Schaltet den Ofen aus und lasst die Meringues, wie sie auch genannt werden, vollständig darin abkühlen.

Wenn ihr die großen Baisers füllen wollt, kratzt an der Unterseite eines Baisers mit einem Teelöffel vorsichtig eine kleine Vertiefung. Dort hinein füllt ihr z. B. Schlagsahne oder Schokocreme und dann klebt ihr ein zweites Baiser mit der Unterseite darauf. Lecker dazu sind auch Beeren.

PAPA ALS KOCH

SCHOKOLADENBANANEN

Das braucht ihr: *Bananen, pro Banane ungefähr 50 g Vollmilch- oder Zartbitterschokolade, bunte Streusel, Kokosflocken, Schaschlik-Spieße, Gitterrost, Backpapier, 2 Töpfe, Rührlöffel*

Schokoladenbananen sind eine herrliche Schleckerei für Groß und Klein. Sie erinnern an Rummelplatzzeiten mit wilden Karussellfahrten und glücklichem Gekreische sowie an Kindergeburtstage mit viel Limonade und schokoverschmierten Schnuten.

Gönnen Sie sich das Vergnügen, mit Ihrer Tochter selbst welche herzustellen. Das geht ratzfatz und selbst kleine Kinder können ihre eigene Banane mit Schokolade überziehen.

Zuerst braucht ihr einen Topf mit Wasser. Er muss so bemessen sein, dass ihr einen kleineren hineinhängen könnt. Bringt das Wasser zum Kochen. Währenddessen brecht ihr die Schokolade in Stücke und gebt sie zum Schmelzen in den kleinen Topf. Das Wasserbad verhindert, dass sie anbrennt. Kurz bevor alles geschmolzen ist, schält ihr die Bananen. Am besten schmecken sie, wenn sie fest und noch nicht allzu reif sind. Legt sie auf ein Gitter, unter das zum Auffangen der überschüssigen Schokolade ein Backpapier kommt. Ihr könnt die Banane auch in Stücke schneiden und auf Schaschlik-Spieße stecken. Gießt die flüssige Schokolade langsam über die Bananen. Einmal wenden und auch die andere Seite mit Schokolade überziehen. Obendrauf kommen noch bunte Streusel oder Kokosflocken. Jetzt müsst ihr nur noch warten, bis der Überzug fest ist. Ist es endlich so weit, dürfen die Naschkatzen über das Dessert herfallen. Köstlich!

PAPA ALS KOCH

ZUCKERLOLLIS

Das braucht ihr: 250 g Zucker, 7 EL Wasser, Apfelsaft oder anderen klaren Obstsaft, 1 Msp. Zitronensäure, Aromen, Lebensmittelfarbe, Topf, Löffel, Schaschlik-Spieße aus Holz, Backpapier, Backblech, Zellophanpapier, Geschenkband

Lollis lassen sich mit geringem Aufwand und wenigen Zutaten ganz schnell selbst herstellen. Ein bisschen Fingerspitzengefühl ist allerdings beim Kochen des Zuckers vonnöten. Am Herd sind Sie gefragt, lieber Papa. Der Zucker darf nicht zu heiß werden, sonst wird er braun, verbrennt oder wird bitter. Rühren Sie deshalb die Mischung ständig um. Achten Sie auch darauf, dass Ihr Kind nicht mit der Zuckermasse in Berührung kommt, bevor sie ganz fest ist. Zucker kann sehr heiß werden. Schnell verbrennt man sich daran, wenn man vor der Zeit naschen will.

Zuerst mischt ihr den Zucker mit dem Wasser oder dem Saft in einem Topf. Bringt die Mischung unter ständigem Rühren zum Kochen. Die Zuckermasse rührt ihr so lange, bis sie beginnt, leicht braun zu werden. Dann nehmt ihr den Topf sofort vom Herd und kühlt ihn in kaltem Wasser ab. So behält der Zucker seine Farbe und dunkelt nicht nach. Jetzt kommt die Zitronensäure dazu. Sollen die Lutscher zusätzlich Aroma oder Farbe bekommen, ist jetzt ebenfalls die Zeit dafür, die Zutaten in die Masse zu mischen. Trennt mit einem Löffel kleine Portionen aus der Masse und legt sie auf das mit Backpapier bedeckte Blech. Drückt Holzstäbchen als Stiel hinein. Ist der Lutscher fest, könnt ihr ihn gleich wegschlecken oder aber für später in Zellophan wickeln und mit Geschenkband verzieren.

PAPA ALS KOCH

Frühstücksbuffet für die ganze Familie

Das braucht ihr: *Eier, Brot, Brötchen, Toast, Croissants, Käse- und Wurstaufschnitt, Marmelade, Honig, Cornflakes, Müsli, Joghurt, Quark, Milch, Kaffee, Kakao und Tee, Früchte, Gurken, Tomaten, Paprika, Krabben, Lachs, Forelle, Butter oder Margarine, Orangensaft, Petersilie und Dill zum Garnieren, schönes Geschirr und Besteck, Servietten, Deko für den Tisch*

Ein Frühstücksbuffet ist etwas Wunderbares – vor allem für diejenigen, die keine Arbeit damit haben und ganz entspannt und ausgeruht davon schmausen können. Deshalb ist es ganz besonders schön, wenn man dazu eingeladen oder damit überrascht wird. Wie wäre es am Wochenende mit einem Super-Luxus-Frühstücksbuffet für den Rest eurer Familie? Die werden ganz schön Augen machen, wenn ihr wie die Heinzelmännchen und Heinzelfrauchen alles heimlich plant und vorbereitet!

Was sind die Lieblingsspeisen der anderen, wonach steht euch der Sinn? Was soll es alles zum Frühstück geben? Was ist sowieso immer im Haus, was müsst ihr dagegen noch einkaufen? Besorgt die fehlenden Dinge. Falls nötig, überlegt ihr euch, wie ihr die anderen ablenken könnt, damit sie nichts von euren Vorbereitungen merken.

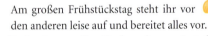

Am großen Frühstückstag steht ihr vor den anderen leise auf und bereitet alles vor. Deckt einen großen Tisch und arrangiert alle Speisen und Getränke darauf. Die süßen Sachen auf die eine Seite, die herzhaften auf die andere. Stellt euch ein tolles Buffet in einem Luxushotel vor. Macht es genauso schön und weckt dann die anderen. Überraschung!

PAPA ALS GÄRTNER

PAPA ALS GÄRTNER

Miniteich

Das braucht ihr: *großes Gefäß (Eimer, Schüssel, Kübel, Tontopf etc.), Teichfolie, Kies, Sand, Wasserpflanzen, Baumrinde, Stöckchen, kleine Plastiktüte, Schere, Handbohrer, Tacker, Spielfiguren*

Nicht jeder hat einen großen Garten, in dem Platz für einen richtigen Teich ist. Deshalb braucht man aber nicht auf eine kleine Wasserstelle zu verzichten. Ein Miniteich passt in jeden noch so winzigen Vorgarten und eignet sich auch für Balkon und Terrasse.

Wichtig ist die Wahl des Standortes. Euer Teich braucht Sonne, am besten um die sechs Stunden pro Tag. Besonders günstig ist deshalb die Südseite. Geben ein paar Bäume zusätzlich etwas Schatten, sodass der Teich nicht ständig der prallen Sonne ausgesetzt ist, verdunstet weniger Wasser. Das erspart euch das ständige Nachfüllen. Müsst ihr Wasser nachgießen, ist weiches Regenwasser am besten.

Für euren Teich benötigt ihr ein Gefäß. Wie groß das sein darf, hängt von eurem Platzangebot ab. Ein Eimer lässt sich genauso gut umfunktionieren wie eine Schüssel oder ein altes Weinfass. Wichtig ist, dass das Behältnis dicht ist. Tontöpfe müssen innen glasiert sein, alte Schüsseln dürfen kein Loch haben. Undichte Behälter, z. B. alte Holzfässer, schlagt ihr innen mit Teichfolie aus, die ihr festklebt oder antackert. Tragt das Teichgefäß bereits jetzt an den späteren Standort, denn wenn erst einmal Wasser darin ist, wird der Transport unter Umständen schwierig.

PAPA ALS GÄRTNER

Ein Teich braucht Pflanzen. Wisst ihr schon, welche ihr einsetzen wollt? Seerosen sind wunderschön, brauchen aber eine Wassertiefe von mindestens 40 Zentimetern. Überlegt euch, wie viel Platz ihr zur Verfügung habt. Es gibt eine ganze Reihe von kleinwüchsigen Pflanzen, die nicht so viel Raum einnehmen. Wasserfeder, Moosfarn, Bubiköpfchen, Brunnenkresse, Zwergwasserfarn, Sumpfvergissmeinicht, Wasserlinse oder Wasserminze gehören dazu. Lasst euch im Pflanzenmarkt beraten oder besucht ein großes Zoofachgeschäft, das eine Aquaristikabteilung besitzt. Dort findet ihr ebenfalls ein gutes Angebot an Wasserpflanzen.

Sind alle Einkäufe getätigt, füllt ihr das Gefäß mit Kies, bis der Boden gut bedeckt ist. Ordnet die Pflanzen an, setzt sie ein und bedeckt die Wurzeln vorsichtig mit weiterem Kies und Sand. So bekommen sie einen besseren Halt. Ist alles an seinem Platz, gießt ihr das Wasser ein. Es sollte annähernd die gleiche Temperatur haben wie das Transportwasser der Wasserpflanzen.

Wenn ihr wollt, könnt ihr euren kleinen Wassergarten noch zusätzlich verschönern und beleben. Treibt da nicht ein Floß auf dem Wasser? Baut euch eines aus einem Stück Baumrinde. Schneidet sie rechteckig zu und bohrt in die Mitte vorsichtig ein Loch. Dort hinein steckt ihr ein dünnes Zweiglein als Mast. Aus einer Plastiktüte schneidet ihr ebenfalls ein rechteckiges Stück aus, das zum Segel wird. Stecht dazu oben und unten mittig ein Loch hindurch. Fädelt nun das Segel auf den Zweig. Fehlt nur noch der Passagier. Den findet ihr bestimmt in einer Spielkiste oder Schublade. Floß ahoi!

PAPA ALS GÄRTNER

Bienenblumenwiese

***Das braucht ihr:** Lockpflanzen: Zitronenquendel, Borretsch, Lupinen, Kornblumen, Mohn, Senf, Ringelblumen, Malven, Rosenmelisse, Anis-Ysop, Sonnenblumen, Wilder Dost, Muskatellersalbei, Immenblatt, Glyzinie, Nachtviole, Zwergsalbei, Lavendel, Zitronenthymian, Bartblume, Bienenfreund, Hornklee, Spaten, Hacke, kleine Schaufel*

Was wäre ein Sommer ohne das Gesumm und Gebrumm von Bienen und Hummeln? Wenn die pelzigen Tierchen von Blüte zu Blüte fliegen, sorgen sie dafür, dass die Pflanzen bestäubt werden. Nur so könnt ihr später Äpfel vom Baum ernten. Bienen, Hummeln und andere Insekten erfüllen eine wichtige ökologische Aufgabe, doch ihr Lebensraum schrumpft.

Habt ihr etwas Platz im Garten, bietet es sich deshalb an, ein Beet so zu gestalten, dass Bienen und Hummeln gerne zu Besuch kommen. Wildbienen sind übrigens nicht gefährlich. Sie stechen nicht, weil sie allein leben und kein Volk zu verteidigen haben. Sie interessieren sich in der Regel auch nicht für Menschennahrung, sodass ihr auch weiterhin in Ruhe auf der Terrasse frühstücken könnt.

Bienen und Hummeln sind kleine Schleckermäulchen. Sie lieben bestimmte Pflanzen, mit denen sie sich locken lassen. Die Blüten duften wunderbar und sehen schön aus. Sie erfreuen nicht nur die Bienchen, sondern auch die Beetbesitzer.

Sucht im Garten eine sonnige Stelle aus. Steckt die Fläche ab, die ihr für das Beet nutzen wollt. Grabt mit dem Spaten den Boden um und entfernt anschließend alle alten Wurzeln. Wisst ihr schon, welche Blumen ihr pflanzen wollt? Macht euch einen Plan und überlegt, wie viel Platz die einzelnen Pflanzen benötigen. Wie groß werden sie? Wann blühen sie? In welcher Farbe? Gestaltet euer Beet so, dass die großen Gewächse die kleinen nicht verdecken. Achtet auch darauf, dass ihr Sorten zusammenstellt, die zu unterschiedlichen Zeiten blühen. So habt ihr bis in den Herbst hinein Freude an dem bunten, summenden Beet. Besucht ein gutes Gartengeschäft und lasst euch fachkundig beim Pflanzenkauf beraten.

PAPA ALS GÄRTNER

Habt ihr alles beisammen, ordnet ihr die Pflanzen im Beet zur Probe an. Stimmt der Abstand zueinander, stehen die hohen Pflanzen, wie z. B. der Borretsch, am Rand? Gut! Jetzt könnt ihr nach und nach die Blumen an dem für sie bestimmten Platz in die Erde bringen. Hebt dazu mit einer kleinen Schaufel das Pflanzloch aus. Ist der Boden sehr trocken, solltet ihr in das Loch vorab etwas Wasser gießen. Blume rein, gut andrücken und anschließend ausreichend wässern.

Haltet die Erde in eurem Beet besonders am Anfang immer schön feucht, damit die Pflanzen sich gut verwurzeln können. Wenn sich die Blüten zeigen, dauert es meist gar nicht lange, bis auch die ersten Bienen und Hummeln erscheinen. Erst kommen sie vereinzelt, dann werden es immer mehr. Schnell wird sich bei den Insekten herumsprechen, dass es bei euch wunderbar leckere Sachen zu futtern gibt. Wie im Flug ist euer buntes Beet voll mit ihnen und ihrem sommerlichem Summen.

PAPA ALS GÄRTNER

KRÄUTERHEXENGÄRTCHEN

Das braucht ihr: Petersilie, Dill, Schnittlauch, Basilikum, Oregano, Kresse, Estragon, Pfefferminze, Kamille, Zitronenmelisse, Blumentöpfe, Pflanzenerde, kleine Schaufel, Gießkanne

Die meisten Kinder sind sehr an Gartenarbeit interessiert. Sie wühlen gerne selbst mit den Händen in der Erde, beobachten, wie Pflanzen wachsen, und staunen darüber, wie aus einem winzigen Samenkorn ein prächtiges Kraut wird. Wenn man das dann auch noch essen kann, ist das fantastisch.

Haben Sie einen Garten? Dann schenken Sie Ihrem Kind doch ein eigenes Stück Land für ein Kräuterbeet. Ein kleines sonniges Fleckchen reicht dafür bereits aus, wenn man das Beet in die Höhe baut. Dafür braucht ihr ein paar Steine und ausreichend Erde. Legt Terrassen an, auf denen die Kräuter später wachsen können. Es geht aber auch ohne eigenen Garten. Die meisten Kräuter gedeihen nämlich auch prima in Blumentöpfen oder Kübeln.

Überlegt euch, welche Kräuter ihr pflanzen wollt. Gewürzkräuter machen sich später prima im Salat oder der Tomatensoße, Heilkräuter helfen bei Erkältung oder Bauchschmerzen. Basilikum ist lecker zu Tomaten, Estragon passt gut zu Hühnchen. Schnittlauch nehmt ihr für den Quark, Dill für den Fisch. Kresse kommt auf das Brot, Oregano in die Soße, Pfefferminze, Zitronenmelisse und Kamille in den Tee.

Zum Pflanzen braucht ihr entweder Samen, Saatbänder oder -scheiben oder bereits vorgezogene Pflänzchen. Samen haben den Vorteil, dass ihr die Entwicklung

PAPA ALS GÄRTNER

eurer Pflanze von Anfang an verfolgen könnt. Vorgezogene Pflanzen sparen Zeit und kommen schneller auf den Tisch.

Für die Samen bereitet ihr einen Blumentopf mit Erde vor. Füllt so viel Erde ein, dass es noch ein paar Zentimeter bis zum Rand sind. Streut die Samen gleichmäßig darauf und bedeckt sie anschließend mit einer dünnen Schicht Erde. Vorsichtig angießen und immer gleichmäßig feucht halten. Achtung! Einige Samen sind Lichtkeimer, d. h., sie treiben nur aus, wenn sie genügend Helligkeit bekommen. Tief im Boden ist das natürlich nicht der Fall. Bei diesen Sorten (z. B. Kresse, Basilikum) verzichtet ihr auf die bedeckende Erdschicht. Beim Gießen müsst ihr dann allerdings sehr vorsichtig sein, sonst spült ihr die Samen fort.

Saatscheiben und -bänder sind sehr praktisch. Die Samen sind bereits im richtigen Abstand in das Vlies eingebettet. Später, wenn die Kräuter wachsen, braucht ihr sie deshalb nicht noch einmal zu trennen und umzutopfen. Das Vlies legt ihr einfach auf die Erde in den Blumentopf, bedeckt es mit einer weiteren dünnen Schicht und gießt alles leicht an.

Für ganz Ungeduldige eignen sich vorgezogene Pflanzen. Petersilie & Co. bekommt ihr in jedem Supermarkt in Töpfen. Diese Kräuter sind meistens sehr dicht gesät. Damit ihr lange Freude daran habt, topft ihr sie in ein größeres Gefäß um. So können sie sich gut entwickeln und halten länger – zumindest, wenn ihr nicht vorher alles wegnascht.

Haltet die Erde immer schön feucht, dann habt ihr bald eine reiche Ernte und könnt den unterschiedlichen Geschmack der Kräuter testen.

PAPA ALS GÄRTNER

Blumenzauberei

Das braucht ihr: *weiße Blumen (Gerbera, Rosen, Nelken), Gläser oder kleine Vasen, farbige Tinte oder Ostereierfarbe, Essig, Wasser*

Habt ihr schon einmal grüne Rosen gesehen, braun-orange Nelken oder blaue und violette Gerbera? Nicht? In diesen Farben kommen sie in der Natur auch gar nicht vor. Es ist aber kinderleicht, bunte Blumen in den unmöglichsten Farben erstrahlen zu lassen.

Ihr füllt eine Vase oder ein Glas mit Wasser und löst darin die gewünschte Farbe auf. Tinte färbt genauso gut wie Farbe für Ostereier. Es kann aber die Zugabe von Essig erforderlich sein. In das gefärbte Wasser stellt ihr die angeschnittene Blume. Sie saugt nun mit dem Wasser auch die Farbe durch den Stängel in die Blüte. Nach kurzer Zeit färbt sie sich wie von Zauberhand in der Farbe des Wassers. Die Intensität hängt von der Menge der zugegebenen Farbe ab. Je mehr Farbe ihr im Wasser löst, desto dunkler und intensiver wird nachher die Blüte. Experimentiert ruhig ein bisschen, bis ihr den richtigen Farbton gefunden habt.

Für zweifarbige Blüten nehmt ihr zwei Gläser mit unterschiedlich gefärbtem Wasser. Schneidet den Stängel ungefähr bis zur halben Höhe der Länge nach in zwei Hälften. Stellt jeden in ein anderes Glas, und schwuppdiwupp gibt es zweifarbige Blüten!

PAPA ALS GÄRTNER

Schmetterlingswiese

Das braucht ihr: Schmetterlingsflieder, Flockenblume, Lavendel, Thymian, Dill, Liebstöckel, Petersilie, Rosmarin, Salbei, Schnittlauch, Wilder Dost, Blaukissen, Edeldistel, Fetthenne, Phlox, Kugeldistel, Brennnessel, Schaufel, Hacke

Schmetterlinge sind schön anzusehen. Wie sie von Blüte zu Blüte fliegen, fasziniert nicht nur Kinder. Es macht Spaß, die vielen unterschiedlichen Arten zu beobachten und zu bestimmen. Damit sich die sanften Gesellen bei euch im Garten wohlfühlen, braucht ihr Lockpflanzen. Schmetterlinge lieben bunte Blüten in allen Farben und werden von deren Duft magisch angezogen. Damit sie aber nicht nur zu Besuch kommen, sondern auch bleiben, benötigt ihr zusätzlich eine Reihe von Nahrungspflanzen. Die Raupen müssen sich vor dem Verpuppen so richtig rund futtern können.

Admiral, Tagpfauenauge, Kleiner Fuchs, Landkärtchen oder Brauner Bär – das sind die Namen einiger Schmetterlingsarten – mögen am liebsten Brennnesseln als Nahrung. Um eine Schmetterlingswiese anzulegen, ist deshalb ein relativ großer Garten nötig, in dem ihr einen Teil wild und natürlich wachsen lasst. Legt ihr zusätzlich eine Kräuterecke an, finden die Raupen bei euch genügend Nahrung. Für die eigentliche Wiese grabt ihr einen Teil des Gartens um und sät spezielle Samen von Schmetterlingsblumen, die ihr in der Gärtnerei bekommt. Die Mischungen enthalten Kräuter, Gräser und Blumen, die bei den Faltern sehr beliebt sind. Nach kurzer Zeit wächst die Wiese und ihr werdet den ersten Besuch bekommen. Einzelne Pflanzen wie Schmetterlingsflieder oder Phlox machen das Angebot komplett.

Papa als Gärtner

Trockenfrüchte für Feinschmecker

Das braucht ihr: *Äpfel, Weintrauben, Birnen, Pflaumen, Aprikosen, Bananen, Zitronensaft, Faden, Ausstecher, Backpapier*

Obst direkt vom Baum schmeckt lecker. Hängen die Bäume aber übervoll mit Früchten, kann man sie gar nicht alle schnell genug essen. Wollt ihr nicht immer nur Marmelade oder Mus kochen, trocknet die Früchte zur Abwechslung einmal. Das ist eine alte Technik, um die Haltbarkeit von Obst zu verlängern. Viele Wüstennomaden ernähren sich heute noch von getrockneten Datteln oder Feigen auf ihren langen Märschen durch die flirrende Hitze.

Nehmt reife, aber noch knackige Früchte. Fast jede Obstsorte ist zum Dörren geeignet. Natürlich ist es am tollsten, wenn die Früchte aus dem eigenen Garten kommen. Bei Äpfeln entfernt ihr mit einem Ausstecher das Kerngehäuse. Schält den Apfel und schneidet ihn in gleichmäßig dünne Ringe. Zieht sie kurz durch Zitronensaft, damit sie nicht braun werden. Fädelt sie anschließend auf einen Faden und hängt sie in die pralle Sonne. Die einzelnen Apfelscheiben dürfen sich dabei nicht berühren, sonst kann die Luft nicht gut zirkulieren. Wichtig ist, dass das Obst schnell genug trocknet, sonst verdirbt es. Ihr könnt die Apfelscheiben auch auf ein Backblech legen und im Ofen trocknen. Wählt dazu die niedrigste Temperatur und lasst die Tür des Ofens einen Spaltbreit offen, damit die Feuchtigkeit entweichen kann. Jetzt braucht ihr Geduld, denn die Äpfel brauchen bis zu sechs Stunden, bis sie trocken sind.

Bei Steinobst entfernt ihr vor dem Trocknen die Kerne, große Früchte schneidet ihr in mundgerechte Stücke. Der gesunde Snack ist fertig, wenn sich die Fruchtchips biegen lassen.

PAPA ALS SPASSVOGEL

PAPA ALS SPASSVOGEL

April, April!

Das braucht ihr: Fantasie, Scherzartikel

Jedes Jahr am 1. April nehmen sich die Menschen gegenseitig auf den Arm. Die Zeitung bringt eine Falschmeldung, im Radio wird Quatsch erzählt, und ob man der Nachrichtensprecherin im Fernsehen an diesem Tag trauen kann, ist auch fraglich. Andere hinters Licht zu führen, macht Spaß und kann sehr lustig sein – allerdings nur, wenn der Scherz nicht bösartig oder gemein ist. Späße, die den anderen verletzen könnten, sind auch nicht besonders witzig.

Eine gute Vorbereitung ist wichtig. Überlegt euch, wen ihr hereinlegen wollt. Versteht die Person ausreichend Spaß, kann sie mit der Situation umgehen? Falls nicht, sucht euch lieber eine andere Person, die ihr in den April schicken könnt, damit es keinen unerwünschten Ärger gibt. Außerdem habt ihr dann auch mehr Vergnügen dabei. Ist der geeignete Kandidat gefunden, braucht ihr eine Idee für eine lustige Situation. Dabei hilft es, wenn ihr die Person gut kennt. Was mag sie besonders, was kann sie gar nicht leiden, hat sie Haustiere, besondere Eigenarten oder Marotten? Was glaubt sie euch sofort, was würde sie euch niemals abnehmen? Auch ob eure Zielperson selbst etwas tun soll oder ob ihr nur eine erfundene Geschichte für wahr verkaufen wollt, solltet ihr vorher wissen.

Wenn ihr auf diese Fragen eine Antwort gefunden habt, wisst ihr wahrscheinlich auch schon ziemlich genau, wie euer Scherz aussehen könnte. Der Tante, die sich vor Spinnen ekelt, erzählt ihr vielleicht, dass der gemeinsame Ausflug auf eine Spinnenfarm führt. Schüttelt sie sich fürchterlich und will dann doch lieber nicht mitkommen, erlöst ihr sie mit einem lauten „April, April!". Hat Mama den Garten neu bepflanzt, bekommt sie sicher einen gehörigen Schreck, wenn ihr behauptet, dass die Wildschweine gerade die Blumenzwiebeln wieder ausgraben. Rennt sie dann schnurstracks aus dem Haus, um die Rotte zu verscheuchen, merkt sie sicher schnell, dass ihr sie veräppelt habt.

Dem kleinen Bruder kannst du erzählen, dass es am Kiosk pro Packung ein Sammelbildchen gratis gibt, der großen Schwester, dass ihr Freund gerade angerufen hat und sie jetzt doch nicht abholen kommt. Der ständig korrekte Onkel ist dagegen sicher entsetzt, wenn sein Auto angeblich gerade abgeschleppt wurde, weil es im Halteverbot stand.

Zu den Klassikern unter den Aprilscherzen gehören das Furzkissen auf dem Stuhl, der Honig unter der Türklinke sowie der Senf im Krapfen oder Pfannkuchen. Auch das Vertauschen oder Verstecken von Gegenständen führt zu lustigen Situationen. Füllt Zucker in den Salzstreuer oder Zahnpasta in die Cremetube. Bei diesen Dingen müsst ihr aber vorsichtig sein. Wer herzhaft in ein mit Senf gefülltes Gebäck beißt, findet das wahrscheinlich erst im Nachhinein lustig. Und auch der süße Tomatensalat ist gewöhnungsbedürftig.

Lustiger ist vielleicht das: Besorgt identische Gummistiefel in einer Nummer kleiner oder stopft Zeitung unter das Hutband, sodass die Schuhe und die Kopfbedeckung plötzlich zu klein wirken. Versteckt die Schlüssel und helft suchen. Lasst merkwürdige Geräusche in der Wohnung ertönen. Werdet ihr darauf angesprochen, behauptet ihr steif und fest, dass ihr gar nichts hört. Sammelt weitere Ideen für lustige Scherze und bleibt schön wachsam, dass euch niemand verkohlt. Viel Spaß!

PAPA ALS SPASSVOGEL

LACHEN VERBOTEN

Das braucht ihr: *eine Menge lustiger Witze und Geschichten, eine Stoppuhr*

Lachen macht Spaß und tut gut! Bei diesem Spiel ist es allerdings zuerst einmal verboten. Das macht aber nichts, denn zum Schluss lacht ihr dafür umso mehr.

Die Regeln sind einfach. Ihr sollt euch gegenseitig zum Lachen bringen. Dabei bekommt ein Spieler die Aufgabe, ernst zu bleiben und nicht einmal zu kichern. Der andere muss dagegen versuchen, sein Gegenüber so schnell wie möglich zum Lachen zu bringen. Ist das nach zwei Minuten noch nicht gelungen, erhält der ernst gebliebene Teilnehmer einen Punkt. Ist währenddessen der Faxenmacher und Witzeerzähler erfolgreich, bekommt dieser einen Punkt für das Gelächter des anderen.

Legt fest, wer zuerst an der Reihe ist und sich als Grimassenschneider versuchen darf. Dann startet die Uhr. Wenn die Zeit läuft, fangt ihr an, die Nase kraus zu ziehen, die Augen zu verdrehen oder mit den Ohren zu wackeln. Ihr könnt euch verrenken, lustige Geräusche machen, alberne Lieder singen, dem anderen vor der Nase herumtanzen und zappeln, Witze erzählen oder komische Wörter sagen. Habt ihr euch vorher darauf geeinigt, ist sogar Kitzeln erlaubt. Prustet euer Mitspieler schließlich los und hält sich den Bauch, stoppt ihr die Uhr. Merkt euch die Zeit, dann wechselt die Rollen. Jetzt vergleicht! Wer weniger Zeit gebraucht hat, den anderen zum Kichern zu bringen, gewinnt die Lachrunde.

Dieses Spiel ist wunderbar, wenn Zeit überbrückt werden muss. Spielt es im Restaurant, während ihr an der Bushaltestelle wartet, oder im Stau auf der Autobahn. Stoppuhr nicht vergessen!

PAPA ALS SPASSVOGEL

Mit vollem Mund sprechen

Das braucht ihr: Essen, Korken

„Mit vollem Mund spricht man nicht!" Diesen Satz kennt jedes Kind. Bei diesem Spiel ist aber ausnahmsweise erlaubt, was sonst verboten ist. Ihr dürft den Mund mal so richtig voll nehmen. Weil das allein noch nicht lustig genug ist, erzählt ihr dem anderen mit vollen Backen eine Geschichte. Die könnt ihr euch ausdenken oder ihr sucht eine, die euch gefällt, aus einem Buch aus. Dann lest ihr sie vor oder erzählt sie nach. Das ist gar nicht so einfach, wenn so wenig Platz im Mund ist. Bei all dem Nuscheln, Schmatzen und Zischeln ist die Geschichte wahrscheinlich kaum zu verstehen. Euer Zuhörer muss die Ohren spitzen!

Um den Mund wirklich voll zu kriegen, eignet sich alles, was essbar ist, die Riesenportion Nudeln ebenso wie Gummibärchen oder Obststücke. Doch Vorsicht: Da akute Lachgefahr besteht, kann es leicht vorkommen, dass ihr losprusten müsst. Dann fliegt schon mal die eine oder andere Nudel über den Tisch. Spielt deshalb nicht unbedingt an der festlich gedeckten Tafel, sondern sucht euch einen pflegeleichten, abwischbaren Platz. Mama wird euch dafür dankbar sein.

Wollt ihr nicht mit Lebensmitteln spielen, versucht ihr es mit dieser Variante: Klemmt euch einen Korken zwischen die Zähne und gebt jetzt die Geschichte zum Besten.

Passt bei diesem Spiel bitte gut auf, dass ihr euch nicht verschluckt. Also nicht zu viel auf einmal in den Mund nehmen. Für ganz kleine Mädchen ist das Spiel noch nicht geeignet.

PAPA ALS SPASSVOGEL

ZUNGENBRECHER-WETTBEWERB

Das braucht ihr: eine Auswahl an Zungenbrechern, Stoppuhr, Stift und Papier

Kennt ihr den Zungenbrecher von dem Fischer namens Fritz? Wahrscheinlich, denn er gehört zu den bekanntesten seiner Art. Schon Oma und Opa haben sich mit diesem Spruch im fehlerfreien Aufsagen geübt. Mit diesen mehr oder weniger kompliziert zu sprechenden Sätzen trainiert ihr nicht nur eine gute und deutliche Aussprache, sie sind auch prima, um sich zwischendurch die Zeit zu vertreiben. Auf einer langen Autofahrt, in der Schlange vor der Kasse oder auf dem Geburtstag der Tante retten sie euch aus fürchterlicher Langeweile.

Wenn ihr ein paar Zungenbrecher kennt, veranstaltet doch einen lustigen Wettbewerb. Wer kann am schnellsten einen aufsagen? Natürlich zählt nur, was auch wirklich fehlerfrei gesprochen wird. Wer sich verhaspelt, muss noch einmal von vorn anfangen. Einigt euch auf einen Satz, den ihr beide nacheinander sprecht. Stoppt jedes Mal die Zeit. Wer von euch war eher fertig? Wählt fünf verschiedene Sprüche aus. Derjenige, der drei Mal schneller war, gewinnt den Wettbewerb und darf sich von nun an Zungenbrecher-Schnellsprech-Weltmeister nennen. Zur Belohnung gibt es eine Urkunde, die ihr vorher gestaltet habt.

Noch mehr Spaß macht es, wenn ihr euch selbst Sprüche ausdenkt, die die Zunge verknoten. Nehmt euch ein wenig Zeit und erfindet eigene Zungenbrecher, die ihr anschließend gleich im Wettstreit testen könnt.

ZUNGENBRECHER

Blaukraut bleibt Blaukraut und Brautkleid bleibt Brautkleid.

Wie viel Holz hackt der Holzhacker, wenn der Holzhacker Holz hacken will?

Auf den sieben Robbenklippen sitzen sieben Robbensippen, die sich in die Rippen stippen, bis sie von den Klippen kippen.

Fischers Fritze fischt frische Fische, frische Fische fischt Fischers Fritze.

Mischwasserfischer heißen Mischwasserfischer, weil Mischwasserfischer im Mischwasser Mischwasserfische fangen.

Im dichten Fichtendickicht nicken dicke Fichten tüchtig.

Immer wenn die tüttelige Teetante den Tee in die Kaffeetüte getan hatte, tütete die patente Nichte der Teetante den Tee von der Kaffeetüte in die Teetüte um.

Der Leutnant von Läuten befahl seinen Leuten, nicht eher zu läuten, bis der Leutnant von Läuten seinen Leuten das Läuten befahl.

Schaurig schöne Schlösser schimmern schneeweiß im Mondlicht.

Der Flugplatzspatz nahm auf dem Blatt Platz. Auf dem Blatt nahm der Flugplatzspatz Platz.

Tante Agathe tänzelte entzückt und beglückt mit ihrem Tortenteller in den Kartoffelkeller.

Auf dem Rasen rasen Hasen, atmen rasselnd durch die Nasen.

Machen Drachen manchmal nachts echt freche Sachen oder lachen Drachen manchmal acht freche Lacher?

Der Cottbusser Postkutscher putzt den Cottbusser Postkutschkasten.

Wenn Fliegen hinter Fliegen fliegen, dann fliegen Fliegen Fliegen nach.

Wir Wiener Waschweiber wollen weiße Wäsche waschen, wenn wir nur wüssten, wo warmes weiches Wasser wär.

Am zehnten zehnten zogen zehn zahme Ziegen zehn Zentner Zucker zum Zoo.

PAPA ALS SPASSVOGEL

KLOPAPIER-MUMIE

Das braucht ihr: *pro Person 2 Rollen Klopapier (reißfest, 3-lagig), Klebefilm, Fotoapparat*

Kinder lieben dieses Spiel. Endlich dürfen sie einmal nach Herzenslust Klopapier abrollen, ohne dass jemand meckert! Toll ist auch, dass Papa die ganze Zeit stillhalten muss und sich gar nicht wehren kann, wenn er eingewickelt wird!

Habt ihr euch schon einmal Bilder von ägyptischen Mumien angesehen? Manche davon sind ganz fest in Stoffbahnen eingewickelt. Wie sich das wohl anfühlt? Startet den Selbstversuch und werdet zur Mumie!

Anstelle von Stoff nehmt ihr Klopapier. Es sollte mindestens drei Lagen haben und besonders reißfest sein. Dünneres Papier lässt sich nicht so gut wickeln und trennt sich zu schnell an der Perforation. Einigt euch, wer zuerst wickelt und wer zur Mumie wird. Wer Mumie werden will, muss dann die nächste Zeit ganz still und gerade stehen, damit das Toilettenpapier nicht doch kaputtgeht. Als Mumien-Macher schnappt ihr euch die Rolle und fangt an den Füßen an zu wickeln. Das erste Stückchen Papier stopft ihr in die Socken, damit es Halt hat. Nun geht es immer um die Mumie herum, während ihr das Papier dabei vorsichtig abwickelt. Die Arme werden dicht am Körper mit eingepackt, Augen und Nase lasst ihr frei. Sollte das Papier zwischendurch doch einmal reißen, klebt ihr die Enden mit Klebefilm einfach zusammen.

Ist die Mumie fertig, knipst ihr ein Erinnerungsfoto. Erst danach darf sie sich aus ihrer Umhüllung befreien, indem sie die Arme zur Seite streckt.

PAPA ALS ABENTEURER

PAPA ALS ABENTEURER

Spurenlesen im Winter

Das braucht ihr: *Mütze, Handschuhe, warme Stiefel und Kleidung, Maßband, Notizbuch, Tierspuren-Bestimmungsbuch*

Wenn über Nacht frischer Schnee gefallen ist, dann ist das genau der richtige Moment, den Tieren auf die Spur zu kommen – ganz besonders, wenn der Schnee etwas pappig ist. Darin behalten die Pfotenabdrücke am besten ihre Form. Sie sind deutlich zu erkennen und ihr könnt herausfinden, zu welchem Tier sie wohl gehören.

Bevor es in die Kälte hinaus geht, müsst ihr euch warm anziehen. Mütze, Schal, Handschuhe sind dabei ebenso ein Muss wie gut gefütterte wasserfeste Schuhe. Schnappt euch ein Maßband, ein Notizbuch und ein Bestimmungsbuch für Tierspuren. Dann kann es losgehen. Wenn ihr einen Garten habt, könnt ihr wahrscheinlich bereits dort eine ganze Reihe von kleinen Abdrücken entdecken. Auch im Wald oder an Feldrändern werdet ihr sicher schnell fündig. Wer die erste Spur erspäht hat, darf sich Adlerauge nennen, denn manche der kleinen Tapser sind auf der weißen Fläche gar nicht so leicht zu erkennen. Etwas einfacher wird es, wenn ihr wisst, wo sich die Tiere im Winter bevorzugt verstecken. Wohnt die kleine Maus unter dem Gebüsch oder eher im Schuppen? Sitzt die Nachbarskatze gerne auf dem Zaun, bevor sie ihre Runde durch die Gärten dreht? In welchem Baum wohnt das Eichhörnchen? Wenn ihr es wisst, fangt am passenden Ort an, nach Spuren Ausschau zu halten.

Siehe da, nicht weit vom Zaun verlaufen schnurgerade Tapser quer durch den Garten! War das die Katze, die vom Zaun gesprungen ist? Oder waren das die Pfoten eines Siebenschläfers? Wenn ihr euch mit Tierspuren noch nicht so gut auskennt, könnt ihr jetzt einen Blick in das Bestimmungsbuch werfen und die Abdrücke miteinander vergleichen. Ihr hattet recht! Es handelt sich eindeutig um Katzenspuren, die an dem dicken Ballen und den vier kleinen Zehen gut zu

PAPA ALS ABENTEURER

erkennen sind. Wenn ihr wollt, messt ihr die Abdrücke mit dem Maßband aus und zeichnet sie anschließend maßstabsgetreu in euer Notizbuch. So legt ihr euch nach und nach ein eigenes Spurenbuch an.

Weiter geht es! In Richtung der Katzenspuren finden sich auch kleine, zarte Abdrücke, wie von winzigen Füßchen, die kreuz und quer laufen. Ein Blick ins Buch sagt euch: Hier war eine Maus. Kein Wunder, dass die Katze sich das genauer ansehen wollte! Ob das Eichhörnchen auch unterwegs war? Schaut unter den Bäumen nach, vielleicht wollte es die Nüsse suchen, die es im Herbst versteckt hat. Nichts zu sehen? Dann schläft es wahrscheinlich und macht sich an einem anderen Tag auf den Weg. Dafür sind unter dem Baum Abdrücke, die aussehen wie ein Dreizack oder ein Zweiglein. Aha, ein Vogel. Nur welcher? Findet es heraus!

Wenn ihr noch nicht durchgefroren seid, lohnt sich ein Abstecher in den Wald. Die Chancen stehen gut, dass ihr hier die Fährten von Rehen und Wildschweinen findet. An einigen Stellen häufen sie sich rechts und links vom Weg. Dort ist dann ein sogenannter Wildwechsel. Auch in die Nähe von Wasserstellen, an Flüsse oder Seen kommen die Tiere häufig. Bestimmt findet ihr an diesen Stellen ein paar Hinweise auf die sonst eher scheuen Waldbewohner.

Nach erfolgreicher Fährtensuche macht ihr euch zu Hause einen schönen heißen Kakao zum Aufwärmen.

PAPA ALS ABENTEURER

AUF WANDERSCHAFT GEHEN

Das braucht ihr: einen halbwegs geraden Stock oder Ast (ungefähr 1 m lang), altes Geschirrtuch, Schnur, Zwirn, Nadel, Schere
Für den Beutel: Taschenlampe, Kompass, etwas zum Anziehen, Proviant, gefüllte Trinkflasche, Landkarte, euer Kuscheltier, Stift, Postkarte und was euch sonst noch so einfällt

Zimmerleute gehen auf Wanderschaft. Handwerker gehen auf die Walz. Alles, was sie dazu benötigen, tragen sie am Körper oder in einem Beutel mit sich. Auch Kinder spielen gern Verreisen oder Expedition in ein fernes Land. Spielen Sie zusammen und gehen Sie gemeinsam mit Ihrer Tochter für ein paar Stunden auf Wanderschaft.

So ein Ausflug in die weite Welt will natürlich gut vorbereitet sein. Ihr braucht einen Beutel, in dem ihr eure Habseligkeiten verstaut. Holt euch ein altes Geschirrtuch und näht es so zusammen, dass ein Beutel entsteht. Das geht am leichtesten, wenn ihr das Tuch einmal in der Mitte faltet und anschließend an den Außenkanten zunäht. Die Nähte müssen dabei nicht besonders schön oder gerade sein. Hauptsache, es kann später nichts herausfallen. Oben bleibt euer Beutel offen, um ihn zu befüllen. Außerdem braucht ihr einen Stock oder Ast. Den findet ihr im Wald. Er sollte einigermaßen gerade und nicht zu dick sein. Schließlich müsst ihr ihn eine Weile tragen, da ist es besser, er wiegt nicht allzu viel. Morsch darf er aber auch nicht sein, sonst bricht er entzwei, wenn der Beutel daran hängt.

Habt ihr alles beisammen, füllt ihr euren Beutel mit den Dingen, die ihr für die Wanderschaft unbedingt braucht. Da ist zuerst einmal etwas zum Essen. Mama rückt bestimmt ein paar Leckereien heraus, wenn ihr sie nett darum bittet. Überlegt euch dann, wohin die Reise gehen soll und was ihr dort wahrscheinlich

PAPA ALS ABENTEURER

braucht. Ein paar Sachen zum Anziehen wären gut, doch welche? Wandert ihr zum Pol, sollten Handschuhe und eine warme Mütze nicht fehlen. Reist ihr dagegen in die Wüste, braucht ihr dringend einen Sonnenhut und Sonnencreme. Badehose und -anzug packt ihr ein, wenn ihr die Meere erforschen wollt. Auch eine Schwimmbrille kann hier nützlich sein. Macht ihr euch auf den Weg, um Höhlen zu erkunden, nehmt ihr einen Helm und eine Taschenlampe mit. Eine Lampe kann sowieso nie schaden, damit ihr euch auch nachts gut zurechtfindet.

Zur besseren Orientierung packt ihr zusätzlich Landkarte und Kompass ein. Ein Kuscheltier hilft gegen die Einsamkeit in der Fremde. Stift und Postkarte sind nützlich, um Mama von unterwegs eine Nachricht zu senden. Ihr könntet ihr von euren Abenteuern berichten, sie aber auch um Nachschub bitten, wenn euch Würstchen und Kekse ausgehen.

Habt ihr alles beisammen? Dann packt alles in den Beutel und bindet ihn oben mit der Schnur zu. Mit den losen Schnurenden befestigt ihr ihn oben an eurem Stock. Schultert das Bündel und sagt dem Rest der Familie Lebewohl. Das Abenteuer kann beginnen!

PAPA ALS ABENTEURER

SCHNITZELJAGD

Das braucht ihr: kleine Papierstücke, die sogenannten Papierschnitzel, Sägemehl- oder späne, Kreide, herumliegende Steine, Sand oder Stöcke, buntes Tuch, Stifte, Papier, Geschenkband, einen Schatz
Für drinnen: Strohhalme, Socken

Gibt es etwas Aufregenderes, als einen Schatz zu suchen? Wohl kaum, finden die meisten Kinder. Aus diesem Grund sind Schnitzeljagden bei ihnen auch so beliebt. Sie sind spannend, weil es Rätsel und Aufgaben zu lösen gibt, außerdem winkt am Ende auch noch eine Belohnung. Verschlüsselte Botschaften stehen auf Papierschnipseln, die überall, in der Stadt oder Natur, versteckt sind. Zusätzlich kann die Gegend erkundet werden. Wie ein Detektiv und Fährtenleser gilt es, die gesichteten Spuren zu entschlüsseln und sich nicht in die Irre führen zu lassen.

Zwei Gruppen oder Personen treten bei der Jagd gegeneinander an: die Fährtenleger und die Jäger. Aufgabe der ersten Gruppe ist, eine Spur zu legen. Im Wald benutzt ihr dafür Papierschnipsel oder Sägemehl. Aus Stöcken und Steinen lassen sich Richtungspfeile und Kreuze legen. Mit den Pfeilen markiert ihr eine Abzweigung, mit den Kreuzen eine Sackgasse. Mit einem X lassen sich zusätzlich die Orte kennzeichnen, an denen neue Hinweise zu finden sind. Schreibt sie auf Zettel, die ihr zusammenrollt und in die Bäume hängt. In der Stadt malt ihr eure Hinweise einfach mit Kreide auf den Asphalt, Rätselzettel mit einer Andeutung, wie es weitergeht, kommen beispielsweise an Laternen. Achtet darauf, dass ihr in regelmäßigen Abständen eine Wegmarkierung anbringt. Spätestens alle 20 Meter solltet ihr eine Spur hinterlassen, damit sich die Jäger nicht verlaufen.

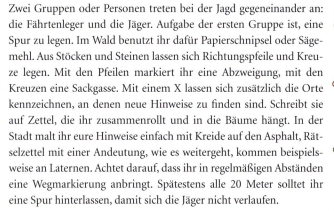

Den Ort, an dem ihr den Schatz versteckt, kennzeichnet ihr mit dem bunten Tuch, das ihr an einen Ast bindet. Dann versteckt ihr euch in der Nähe und wartet auf den oder die Sucher.

PAPA ALS ABENTEURER

Die Aufgabe der Jäger ist, die gelegte Spur so schnell wie möglich zu verfolgen. Sie starten etwa eine halbe Stunde nach den Fährtenlegern. Als Verfolger müsst ihr die Augen offen halten, damit ihr keinen Abzweig verpasst. Seid ihr doch einmal in die Irre gelaufen oder in einer Sackgasse gelandet, macht ihr kehrt und fangt am Zeichen davor noch einmal an zu suchen. An bestimmten Stellen kommt ihr erst weiter, wenn das nächste Rätsel gelöst ist. Ein Hinweis auf einen „guten Überblick" kann den nahegelegenen Hochsitz meinen, das „gluckernde Geräusch" den Bach in der Senke. Sucht dann an diesen Orten nach weiteren Hinweisen. Seht ihr ein Tuch vom Ast baumeln, seid ihr fast am Ziel. In einem vorher festgelegten Umkreis um dieses Zeichen findet ihr den Schatz und wahrscheinlich nicht weit davon auch die Spurenleger.

Schnitzeljagden machen mit vielen Kindern ganz viel Spaß und sind eine wunderbare Geburtstagsunterhaltung. Ihr könnt aber auch zu zweit in der Wohnung spielen. Dann markiert ihr einfach mit Strohhalmen und Socken den Weg zum Schatz. Der Sucher bleibt dazu so lange in einem Zimmer, bis der Verstecker den Weg markiert und den Schatz verborgen hat. Erst dann darf er heraus und sich in Begleitung des Fährtenlegers auf die „Socken" machen.

Viel Spaß beim Verstecken und Finden!

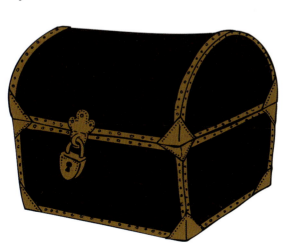

PAPA ALS ABENTEURER

Geheimer Buchtresor

Das braucht ihr: ein altes, möglichst dickes gebundenes Buch mit festem Einband, Cuttermesser, Bleistift, Lineal, Klebestift, einen Schatz zum Verstecken

Piraten vergraben ihre Schätze auf Inseln, die auf keiner Landkarte verzeichnet sind. Spione verwahren ihre Geheiminformationen auf winzigen Chips im Schuhabsatz oder in der Armbanduhr. Ritter beschützen ihn mit dicken Burgmauern und tiefen Verliesen. Die Figuren im Märchen haben dafür einen Drachen, an dem sich niemand vorbeiwagt. Und ihr?

Ist keine Insel in Sicht und der Kauf einer Burg zu teuer, bastelt ihr euch eben selbst ein tolles Geheimversteck. Schließlich braucht jeder Mensch einen Ort, an dem er seine geheimsten Geheimnisse aufbewahren kann. Für Kinder gilt das ganz besonders.

Sind die Schätze nicht allzu groß, ist ein Buchtresor der ideale Aufbewahrungsort. Im Bücherregal fällt ein altes Märchenbuch nicht weiter auf, niemand wird auf die Idee kommen, dass sich darin ein Geheimnis verbirgt. Das Versteck zu basteln, geht ganz leicht. Besorgt euch ein altes Buch. Es sollte einen festen Einband haben und möglichst dick sein. Je dicker das Buch, desto mehr Wertsachen passen hinterher hinein. Gut ist auch, wenn der Umschlag möglichst langweilig erscheint. So kommt niemand auf den Gedanken, es aus dem Regal zu nehmen und anzuschauen. Achtet aber auch darauf, dass der Schmöker einigermaßen zu den anderen passt. Wenn im Bücherbord nur Märchen stehen, sticht ein Roman für Erwachsene oder ein Katalog für Elektronikbauteile zu sehr heraus. Habt ihr das passende Exemplar gefunden, geht es ans Präparieren.

PAPA ALS ABENTEURER

Dazu schlagt ihr das Buch auf. Die ersten zehn Seiten blättert ihr um. An ihnen verändert ihr nichts. Sollte später doch einmal jemand das Werk zur Hand nehmen, kann er die ersten Seiten noch lesen und merkt hoffentlich nichts von eurem Versteck. Die zehn Seiten danach klebt ihr sauber mit dem Klebestift zusammen. Sie bilden später den Deckel vom Buchtresor. Achtet darauf, dass die Seitenränder genau übereinanderliegen.

Verklebt anschließend auch die restlichen Seiten miteinander und mit dem hinteren Einband. Daraus wird der Hohlraum für den Schatz geschnitten. Doch erst muss das Buch einige Zeit trocknen. Von dem ganzen Klebstoff ist es etwas feucht und kann leicht wellig werden. Beschwert es über Nacht mit anderen dicken Büchern oder anderen schweren Sachen.

Ist es gut getrocknet, lassen sich die Seiten leichter herausschneiden. Dazu braucht ihr den Cutter. Da diese speziellen Messer sehr scharf sind, ist Vorsicht geboten. Am sichersten ist es, wenn der Papa damit schneidet. Doch vorher zeichnet ihr noch das Rechteck an, das aus dem dicken zusammengeklebten Buchteil geschnitten werden soll. Ungefähr einen Zentimeter vom Rand der Seiten zieht ihr mit Lineal und Bleistift einen Strich. Papa schneidet mit dem Cutter entlang dieser Linie. Das kann je nach Dicke des Werkes etwas mühsam sein. Sind auf allen vier Seiten die Blätter durchtrennt, löst ihr den Innenteil heraus. In das entstandene Fach kommt der Schatz. Stellt das Buch zu den anderen ins Regal und hütet euer Geheimnis. Psst, auch Papa darf nichts verraten!

PAPA ALS ABENTEURER

Iglu

Das braucht ihr: *viel Schnee, Säge, Schaufel, Plane, Schnur, Decken, dicke Isomatte, einen warmen Schlafsack (bis −5 °C), Taschenlampe, Thermoskanne mit Kakao*

Kinder lieben Schnee. Sie können rodeln gehen oder Skilaufen, Schneeballschlachten veranstalten, Schneemänner bauen und Engel in den Schnee machen. Ist besonders viel weiße Pracht gefallen, lassen sich zusätzlich prima Iglus bauen, wie die Inuit sie haben. Sie wohnen darin, ihr könnt zumindest eine Nacht darin schlafen.

Für ein Iglu braucht ihr viel Schnee. Er sollte fest und fast pappig sein, damit er sich schneiden lässt. Ist er zu trocken und pulverig, ist es unmöglich, daraus Blöcke zu sägen. Macht den Test: Lässt sich ein guter Schneeball formen, ist er richtig. Los gehts!

Zuerst sucht ihr den Platz für euer Iglu aus. Ihr braucht eine Fläche von mindestens zwei Metern Durchmesser. Schließlich wollt ihr die Nacht nicht zusammengerollt wie eine Schlange verbringen. Markiert die Grundfläche. Das geht am einfachsten mit einer Schnur in der entsprechenden Länge. Haltet sie beide an den Enden fest. Jetzt bleibt eine Person im späteren Zentrum des Schneehauses stehen, während die andere um sie herumläuft und den Schnee dabei fest trampelt. Auf diesen Kreis werden später die Blöcke gestapelt. Stampft auch das Innere des Kreises fest.

Die Ziegel für euer Iglu schneidet ihr aus einem großen Schneehaufen mit der Säge aus. Sie sollten 20 Zentimeter dick, ungefähr 50 Zentimeter breit und 30 Zentimeter hoch sein. Die ausgesägten Quader setzt ihr so auf die Kreislinie, dass sie sich gegenseitig stützen. Den Eingang lasst ihr entweder bereits am Anfang frei oder ihr schneidet ihn später mit der Säge aus dem fertigen Iglu. Ist die erste Reihe gesetzt, baut

PAPA ALS ABENTEURER

ihr auf die ersten vier Blöcke eine Art Rampe. So lassen sich alle weiteren Blöcke in einer Spirale immer rund herum um das Iglu stapeln. Achtet darauf, dass ihr die Schneeziegel versetzt übereinander und nach innen geneigt verbaut. So bekommt eure winterliche Übernachtungsstätte die richtige Festigkeit und Halbkugelform. Den letzten Schneestein schneidet ihr etwas größer als die Öffnung. Setzt ihn obendrauf, klopft ihn ein wenig fest und schneidet ihn anschließend von innen in die endgültige Passform.

Sind alle Blöcke verbaut, verfugt ihr die Zwischenräume mit Schnee. Auch von innen könnt ihr das Iglu glätten, dann läuft Tauwasser an den Wänden ab und tropft euch nachts nicht auf die Nase. Oben in das Dach bohrt ihr noch ein kleines Loch für die Luftzufuhr, vor den Eingang hängt ihr eine Decke.

Richtet eure Behausung für die Nacht her. Wichtig ist, dass die Kälte vom Boden her nicht durch die Isomatte kriecht. Legt eine Plane unter und bei Bedarf Decken oder eine weitere Matte. Mit einem guten Winterschlafsack werdet ihr es in der Nacht schön kuschelig haben, denn das Iglu isoliert erstaunlich gut. Warme Schlaf- oder Anziehsachen sind dennoch Pflicht – ebenso wie eine Mütze. Schlaft schön!

PAPA ALS ABENTEURER

Nachwuchstierpfleger

Das braucht ihr: Karton mit Zeitungsschnipseln, Hunde- oder Katzenfutter, Vogelfutter, Igelfutter, Schälchen, Wasser, Birnen, Rosinen, Nüsse, Einwegspritze (natürlich ohne Nadel), Wärmelampe

Junge Tiere sind besonders niedlich. Das gilt für Haustiere genauso wie für Wildtiere. Kein Wunder, dass man sie beschützen will, wenn sie in Not geraten sind! Dabei ist gar nicht so leicht zu erkennen, ob sie wirklich menschliche Hilfe brauchen. Meistens kommen sie nämlich ganz gut allein zurecht. Oft ist es besser, sie ganz in Ruhe zu lassen und auch nicht mit bloßen Händen anzufassen, weil die Mutter der wilden Tierbabys sie sonst wegen der Witterung nicht mehr annimmt. Wenn sie aber doch eine kleine Retterin brauchen? Hier sind ein paar Tipps für den Umgang mit heimischen Wildtieren.

Vögel
Findet ihr im Frühjahr Vogelbabys am Boden, muss das noch nicht bedeuten, dass das Kleine aus dem Nest gefallen ist. Manche Vogelarten verlassen das Nest nämlich freiwillig, bevor sie fliegen können. Sie hocken dann am Boden  und piepsen herzzerreißend. Sie schreien aber nicht um Hilfe, sondern rufen lediglich die Vogelmama zum Füttern herbei. Sie bringt noch ungefähr eine Woche lang Nahrung, nachdem der kleine Piepmatz aus dem Nest ausgezogen ist. Dass es sich um ein Vogelkind kurz vor dem Flüggewerden handelt, erkennt ihr daran, dass es bereits Federn hat. Mag sein, dass es noch reichlich zerzaust aussieht, aber das ist normal. Um diesen Vogel braucht ihr euch nicht zu kümmern. Wenn ihr euch nicht ganz sicher seid, beobachtet ihr ihn noch einige Zeit aus der Ferne. Wahrscheinlich kommt die Mama mit dem Futter angeflogen, wenn die Luft wieder rein ist.

Hat das Vogelbaby noch kein Gefieder, sondern ist ganz nackt, ist es wahrscheinlich aus Versehen aus dem Nest gefallen und braucht Hilfe.

PAPA ALS ABENTEURER

Vor allem benötigt es Wärme. Ein Wärmekissen oder eine Wärmelampe halten das Kleine warm. Zu warm ist aber auch nicht gut. Der Vogel sollte genügend Platz haben, um selbst von der Wärmequelle wegzukommen, wenn ihm zu heiß wird. Ihr könnt versuchen, ihm mit einer Einwegspritze etwas Wasser einzuflößen, doch beim Futter wird es schwieriger. Jede Vogelart hat andere Vorlieben. Die einen kommen mit Hunde- oder Katzenfutter gut zurecht, andere brauchen Körner oder Würmer. Findet heraus, zu welcher Art euer Gast gehört. Gut ist auch der Gang zu einem Fachmann. Fragt bei einem Tierarzt oder dem Tierschutzverein nach. Hier bekommt ihr auch Tipps zur weiteren Aufzucht.

Igel

Sie brauchen eure Hilfe, wenn sie bei Wintereinbruch weniger als 500 Gramm wiegen. Dann überwintern sie gerne bei euch in einem Karton im Keller. Kleidet ihn mit Papierschnipseln oder Stroh aus, dann ist es schön kuschelig. Die Kiste solltet ihr aber regelmäßig säubern. Den kleinen Freund päppelt ihr entweder mit speziellem Igel- oder mit Katzenfutter auf. Zu trinken bekommt er Wasser. Füttert ihn abends. Macht euch auf lautes Schmatzen gefasst! Ungefähr ab April oder bei Temperaturen um die 13 Grad Celsius kann er wieder hinaus ins Freie. Da Igel häufig von Parasiten befallen sind, ist ein Besuch beim Tierarzt auf jeden Fall sinnvoll. Mama will bestimmt keine Flöhe und Zecken im Haus haben.

Rehkitze

Es ist ganz normal, dass junge Rehe allein im Wald liegen. Die Mutter ist in der Regel nicht weit. Hilfe braucht Bambi nur, wenn es offensichtlich verletzt ist. Dann ruft ihr den Förster an, der kümmert sich um alles Weitere.

PAPA ALS ABENTEURER

BILDERQUIZ

Das braucht ihr: *Fotoapparat, Papierabzüge der Fotos, Pappe, Schere*

Wenn Sie gerne fotografieren, machen Sie mit Ihrer Tochter zum Zeitvertreib einmal eine Art fotografische Schnitzeljagd. Sie liefern die Bilder dafür, Ihre Tochter muss erraten, wo sich das abgebildete Objekt befindet. Dafür müssen Sie allerdings im Vorfeld etwas Zeit einplanen, denn schließlich brauchen Sie eine Reihe von Fotos. Gehen Sie auf die Pirsch und fotografieren Sie Ihre Wohnung, Ihren Garten sowie die nähere Umgebung. Damit die Sache nicht zu einfach und schnell langweilig wird, sollten die Fotos eher die Details eines Gegenstandes zeigen, als ihn in der Gesamtheit abzubilden. Die Teekanne in voller Größe ist sofort erkannt. Ist nur ihr Henkel auf dem Bild, wird es schon kniffelig. Was könnte das bloß sein?

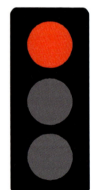

Versuchen Sie, die Objekte aus einem möglichst ungewöhnlichen Blickwinkel aufzunehmen. Fotografieren Sie das Teelicht von oben in voller Größe, sodass Wachs und Docht das ganze Bild füllen. Vom Buch nehmen Sie nicht den Einband auf, sondern nur die letzte Textseite. Um welches Buch aus dem Bücherregal handelt es sich nur? Überlegen Sie sich spannende Bildausschnitte. Für Außenaufnahmen eignen sich Hausnummern und Straßenschilder, die Ihre Tochter später suchen kann. Sie können im Garten einzelne Blüten fotografieren, die Türklinke des Schuppens, ein Schaukelbrett von einem Spielplatz in der Nähe, die Buchstaben eines Supermarktschildes oder eine beliebige Ampel. Lassen Sie Ihrer Fantasie freien Lauf und schärfen Sie den Blick für die Kleinigkeiten.

Haben Sie genügend Fotos gemacht, suchen Sie die besten aus. Machen Sie Abzüge davon. Zeigen Sie Ihrer Tochter die Bilder. Sie

PAPA ALS ABENTEURER

muss nun herausfinden, was auf dem Bild ist und wo es fotografiert wurde. Machen Sie sich gemeinsam auf den Weg dorthin und vergleichen Sie das Bild mit dem realen Gegenstand. Seid ihr am richtigen Ort? Wenn ja, gibt es einen Punkt, falls nicht, heißt es noch einmal genau gucken und suchen. Sie können die Punkte hinterher gegen eine kleine Belohnung eintauschen, wenn Sie wollen.

Anhand der Bilder lassen sich auch kleine Rallyes veranstalten. Bringen Sie die Fotos vorher in eine sinnvolle Reihenfolge und unternehmen Sie eine Fotosafari der besonderen Art. Starten Sie z. B. mit einem Bild aus dem Wohnzimmer, setzen Sie den Weg über die Küche und den Garten fort, bis Sie mit dem letzten Foto bei der Eisdiele ankommen. Zeit für eine Pause!

Haben Sie Spaß daran gefunden, nehmen Sie die nächsten Bilder gemeinsam mit Ihrer Tochter auf und überraschen den Rest der Familie mit den Ergebnissen.

Die aufgenommenen Bilder eignen sich auch prima, um daraus ein Spiel herzustellen. Lasst von den Fotos große Abzüge machen und klebt sie auf Pappe. Schneidet sie anschließend wie bei einem Puzzle in mehrere Stücke. Die umgedrehten Teile werden nun nach und nach aufgedeckt. Wer anhand der wenigsten umgedrehten Teile errät, was auf dem Gesamtbild ist, gewinnt das Spiel.

PAPA ALS ABENTEURER

Hexenbesen bauen

Das braucht ihr: Stock (etwa 1,5 m lang), Zweige oder Reisig, Blumendraht, Hanfschnur, Gartenschere, Säge, scharfes Messer, Schmirgelpapier

Im Leben eines jeden Mädchens kommt die Zeit, in der sie eine kleine Hexe sein will. Ausgestattet mit magischen Kräften und großartigen Flugkünsten hext sie sich die Welt, wie sie ihr gefällt, und spielt den Menschen so manchen Streich. Damit sie durch die Luft flitzen kann, hat sie einen flugtüchtigen Besen. Hat sie nicht?

Weil eine Hexe ohne Besen nicht vernünftig reisen kann, baut ihr der kleinen Zauberin einen. Wichtig ist dabei die Auswahl des Holzes, denn der Besen soll später ja nicht nur zum Kehren taugen, sondern magische Fähigkeiten besitzen. Für den Stock eignet sich Birke, die für Reinheit steht, oder Esche, die das Symbol für Schutz ist. Der Stock sollte möglichst gerade sein und nicht zu viele Verzweigungen haben. Sägt ihn in einer Länge von ungefähr 1,5 Metern ab. Falls nötig entfernt ihr Unebenheiten und Zweigenden. Schält die Rinde mit dem Messer ab und lasst den Stock anschließend mindestens einen Tag trocknen. Dann ist er bereit zum Schleifen. Schmirgelt ihn schön glatt, damit er später gut in der Hand liegt und sich die Hexe keinen Holzsplitter einreißt. Ein Ende von eurem Stock spitzt ihr ein wenig an.

Als Nächstes braucht ihr Reisig für den Besen. Sucht dünne biegsame Äste aus, die alle ungefähr 40 Zentimeter lang sind. Auch hier könnt ihr Hölzer verwenden, denen magische Eigenschaften zugesprochen werden. Eiche z. B. steht für Kraft, Ahorn für Zuverlässigkeit und Beständigkeit, Weide hat eine heilende Wirkung und Linde macht sanft und heiter. Bevor ihr jedoch bei der Suche nach diesen speziellen Hölzern verzweifelt, nehmt ihr einfach die, die euch zur Verfügung stehen. Der Besen wird deshalb nicht weniger schön. Hauptsache er fliegt, oder?

Von den Zweigen braucht ihr gut zwei Hände voll. Schneidet sie mit der Gartenschere auf die gleiche Länge. Legt

die Zweige so übereinander, dass alle Schnittkanten auf der gleichen Seite liegen. Nun wickelt ihr um einen Zweig den Gartendraht. Steckt ihn in die Mitte des Bündels. Klopft es fest auf den Boden, damit die Kante gerade wird. Umwickelt das Bündel locker mit dem Draht. Es reicht erst einmal, wenn die Zweige beisammenbleiben und nicht auseinanderfallen. In die Mitte des Bündels dreht ihr nun langsam und vorsichtig euren Stock. Er muss mindestens zehn Zentimeter im Reisig stecken, bevor ihr den Draht richtig festzieht. Wickelt ihn einige Male eng um das Bündel herum und zieht den Draht dann zusätzlich von unten nach oben durch das Reisig, bevor ihr die nächste Wicklung macht. So nimmt der Besen später auch bei wilden Hexenausritten keinen Schaden. Ist alles fest, schneidet ihr den Draht ab und schiebt das spitze Ende tief in die Mitte des Bündels. Den Draht verdeckt ihr zum Schluss noch mit Hanfschnur, die ihr darüberwickelt. Fertig ist der Hexenbesen! Wenn ihr mögt, könnt ihr ihm noch einen zauberhaften Namen geben. Beliebt für fliegende Besen sind Nimbus2000, Kartoffelbrei oder Feuerblitz. Seid ihr bereit für den ersten Ausflug?

PAPA ALS ABENTEURER

STRICKLEITER BAUEN

Das braucht ihr: 2 lange Seile, mehrere Rundhölzer (mind. 3 cm Durchmesser und 40 cm Länge), einen alten Sack
Befestigung am Boden: Seil, Betonklotz und Stahlring oder Gehwegplatten, Dübel und Schraubhaken

Strickleitern sind in einem Haushalt mit Kindern nahezu unentbehrlich. Sie stellen ein tolles Turngerät dar, um Klettern zu üben und zu schaukeln. Mit der besten Freundin kann man wunderbar auf den Sprossen in der Leiter hocken und quatschen. Ohne sie führt kein Weg in das Baumhaus, und wollen die Jungs die Hütte erstürmen, lässt sie sich in Sekundenschnelle einziehen. Ätsch!

Für den Bau einer Strickleiter besorgt ihr euch zwei Seile. Wie lang sie sein müssen, hängt davon ab, wo ihr die Leiter später aufhängen wollt. Messt vom Befestigungspunkt zum Boden und schlagt noch einmal einen gutes Stück auf diese Angabe drauf, weil ihr für die Knoten viel Seil verbraucht. Für die Sprossen nehmt ihr Rundhölzer. Sie sollten nicht zu dünn sein, da ihr sonst nur schwer auf ihnen stehen könnt. Außerdem drückt sich das Holz dann zu stark in die Fußsohlen, was wehtut. Etwa alle 20 bis 30 Zentimeter braucht ihr eine Stufe. Um die Strickleiter zu knüpfen, legt ihr beide Seile parallel vor euch auf den Boden. Sortiert die Sprossen in gleichmäßigem Abstand dazwischen. Bindet sie anschließend an jeder Seite mit einem Strickleiterknoten fest. Dieser Knoten ist speziell für die Befestigung von runden Sprossen geeignet und zieht sich unter Zug zusammen. Ist kein Druck auf dem Knoten kann er sich leicht wieder lösen. Überprüft deshalb jedes Mal vor dem Betreten der Leiter, ob auch alle Knoten fest sind.

PAPA ALS ABENTEURER

Der Knoten ist einfach zu knüpfen. Legt aus dem Seil ein Auge. Der Durchmesser ist dabei etwas größer als der eurer Sprossen. Greift nun das nach oben führende Seil und zieht es durch das Auge hindurch. In die dabei entstandene Schlinge steckt ihr das Rundholz. Der Knoten zieht sich zu, sobald ihr Druck auf die Sprosse ausübt.

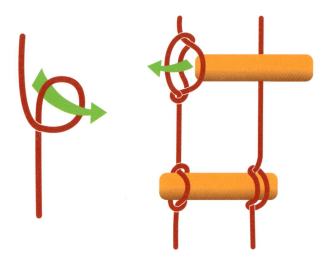

Befestigt auf diese Art und Weise nacheinander alle Sprossen. Die unterste Stufe sichert ihr zusätzlich mit einem dicken Knoten. Soll die Leiter an einem Baum befestigt werden, ist der Ast, an dem sie hängt, gegen das Scheuern des Seils zu schützen. Dazu reicht ein alter Sack oder ein anderes Stück grober Stoff, das zwischen Baum und Seil geschoben wird. Zeit für die erste Klettertour!

Noch leichter klettert es sich, wenn ihr die Strickleiter unten am Boden befestigt. Sie schwingt dann nicht hin und her, lässt sich allerdings auch nicht mehr einziehen. Zur Befestigung gießt ihr Beton in einen alten Eimer und steckt einen Haken hinein. Ist alles fest, kippt ihr den Klotz aus dem Eimer und bindet die Leiter mit einem Seil daran fest. Oder ihr bohrt ein Loch in eine Gehwegplatte. Dübel rein, Schraubhaken und Seil dran. Schon schwingt nichts mehr.

PAPA ALS ABENTEURER

STADTRALLYE

Das braucht ihr: *Rucksack, Metermaß, Verpflegung, Stadtplan, Stifte, Papier, Handy, Zettel mit vorbereiteten Aufgaben, Preise für alle Gewinner*

Der nächste Kindergeburtstag steht vor der Tür und Sie haben noch keine Ahnung, wie Sie die Bande den Nachmittag über bei Laune halten sollen? Wie wäre es in diesem Fall mit einer Stadtrallye? Das erfordert zwar etwas Vorbereitung, macht den Kindern aber einen Riesenspaß und hält sie für Stunden beschäftigt. Langeweile kann da gar nicht aufkommen.

Hat Ihre Tochter an ihrem Ehrentag Lust auf eine Rallye, klären Sie mit ihr, ob ihr die Stationen und Fragen gemeinsam vorbereiten wollt. Das macht viel Spaß. Außerdem fallen euch gemeinsam sicher mehr Aufgaben ein. Der Nachteil daran ist, dass das Geburtstagskind dann nicht an dem Wettbewerb teilnehmen kann. Die Tochter könnte den anderen Kindern in diesem Fall aber als gute Fee an die Seite gestellt werden, falls sie einmal gar nicht mehr weiterwissen. Welche Variante gefällt euch besser?

Für die Rallye braucht ihr mindestens zwei Mannschaften, die gegeneinander antreten. Teilt alle Kinder in Gruppen ein. Es sollten immer mindestens

PAPA ALS ABENTEURER

zwei zusammen gehen, besser sind drei. Jede Gruppe bekommt einen Rucksack mit Proviant: etwas zu trinken, ein wenig Obst und Süßes. Neben der Verpflegung für unterwegs finden sich darin auch ein Metermaß, ein Handy, ein Stadtplan, Stifte und Papier.

Jede Gruppe erhält außerdem einen Zettel mit den Aufgaben, die unterwegs zu lösen sind. Ziel der Rallye ist es, alle Stationen anzulaufen, dort die Fragen richtig zu beantworten und so schnell wie möglich zum vereinbarten Treffpunkt zu kommen. Die Gruppe, die am schnellsten ist und alle Rätsel richtig lösen konnte, gewinnt den ersten Preis. Selbstverständlich gibt es auch für die Zweiten und Dritten einen kleinen Gewinn.

Um die Zettel mit den Aufgaben zu schreiben, müsst ihr selbst einmal die geplante Strecke gehen. Notiert euch, welche Rätsel an welcher Station zu knacken sind und auch, wie lange ihr für den Weg dorthin gebraucht habt. Schlagt auf eure Zeit ungefähr ein Drittel drauf, so habt ihr einen ungefähren Anhaltspunkt, wie lange die anderen später unterwegs sein werden. Ihr könnt die Strecke als Rundkurs planen, sodass alle Kinder wieder zu Hause eintrudeln, oder das Ziel z. B. in die Eisdiele verlegen.

Mögliche Aufgaben sind:
1. Wie heißt die Bibliothekarin?
2. Welche Jahreszahl steht auf dem Denkmal?
3. Welche Farbe hat das Haus mit der Nummer 17 in der Rosenstraße?
4. Wann hat der Metzger offen?
5. Wer meldet sich unter der Telefonnummer 123 456?
6. Wie viele Meter sind es von der Bushaltestelle bis zum Straßenschild?
7. Was kostet ein Schnitzel mit Pommes im Restaurant?
8. Wie heißt der Inhaber der Autowerkstatt?
9. Wie viele Häuser stehen in der Wallstraße?
10. Wie alt ist die Dorfeiche?
11. Wie oft fährt der Bus am Sonntag?
12. Wann wurde das Rathaus gebaut?
13. Welchen Durchmesser hat der Brunnen auf dem Markt?

PAPA ALS ABENTEURER

WEIHNACHTEN DER TIERE

Das braucht ihr: Meisenknödel, Kastanien, Erdnüsse mit Schale, Zapfen, Äpfel, Sonnenblumenkerne, Blumentopf, einen dünnen verzweigten Ast, Streufutter für Vögel, ungesalzenes Rinderfett oder Kokosfett, Pappe, Kordel, Schere, Zwirn, Nadel

Zu Weihnachten gehört für die meisten Menschen ein Weihnachtsbaum. Schön geschmückt soll er sein mit bunten Kugeln, Strohsternen, Lametta, Kerzen. Mit so einem festlichen Baum wird die Vorfreude auf das Fest gleich noch ein bisschen größer.

Weil das Baumschmücken so viel Spaß macht, schmückt doch schnell noch einen zweiten Baum, draußen im Garten für die Vögel. Denen steht allerdings weniger der Sinn nach Lametta. Über ein paar Leckereien freuen sie sich aber ganz sicher. Besonders dann, wenn zu Weihnachten bereits Schnee liegt und sie wenig Futter finden.

Fertige Meisenknödel zum Aufhängen gibt es im Laden. Es ist aber auch ganz einfach, den Piepmätzen selbst einen Imbiss zu zaubern. Dafür braucht ihr einen Blumentopf mit Loch im Boden. Schneidet aus der Pappe einen Kreis. Der Blumentopfboden dient euch dabei als Muster. Die Pappe soll so groß sein, dass sie in den Topf hineinpasst. Sie dichtet den Boden ab. In die Mitte kommt ein Loch, gerade groß genug, um den Stock zusammen mit der Kordel hindurchzuschieben. Steckt nun den Zweig zusammen mit einem langen Stück Kordel durch die Pappe und den Topfboden. Die Kordel verknotet ihr so im Blumentopf an dem Stock, dass sie nicht durch das Loch hindurchrutschen kann. An das obere Stockende bindet ihr eine Schlaufe. Damit könnt ihr den fertigen Futtertopf später aufhängen.

Jetzt erwärmt ihr das Fett. Ist alles flüssig, streut ihr das Vogelfutter hinein. Ihr braucht ungefähr doppelt so viel Futter wie Fett. Kurz bevor die Masse wieder fest ist, streicht ihr sie in den Blumentopf und lasst sie dort aushärten. Erst wenn sie kalt ist, könnt ihr den Blumentopf umdrehen, ohne

PAPA ALS ABENTEURER

dass alles wieder herausfällt. Den fertigen Vogel-Snack hängt ihr in den Weihnachtsbaum.

Ebenfalls beliebt sind Erdnüsse. Fädelt sie mit einer Nadel auf den Zwirn. Stecht dabei immer dicht an den Enden in die Schale, damit die Nuss nicht mit aufgespießt wird. Ihr könnt ganze Erdnuss-Girlanden fädeln oder auch nur einzelne Nüsse am Faden in den Baum hängen. Sonnenblumenkerne eignen sich auch gut zum Auffädeln.

An Kiefern- und Tannenzapfen befestigt ihr eine Schnur und hängt sie in den Baum. Um Kastanien aufzuhängen, stecht ihr den Faden mit einer dicken Nadel hindurch. Apfelschnitze lassen sich auch am Baum festbinden. Schmückt den Baum großzügig mit Zapfen und Kastanien, beim Futter ist dagegen ein wenig Zurückhaltung gefragt. Besonders bei den Sachen, die schnell verderben, ist es sinnvoller, öfter etwas Frisches nachzuhängen.

Ist euer Baum fertig geschmückt, beobachtet ihr aus einiger Entfernung, wie lange es dauert, bis die ersten Vögel euer Geschenk entdecken. Welche Vogelarten kommen, um sich Futter holen? Bestimmt spricht es sich schnell herum, dass es bei euch etwas Gutes zu essen gibt. Frohes Fest!

PAPA ALS ABENTEURER

Bärenjagd bei Nacht

Das braucht ihr: *Teddybären und Kuscheltiere soviel ihr habt, gute Verstecke, Taschenlampe, großen Rucksack, Proviant*

Wer schon einmal auf Großwildsafari war, weiß, wie aufregend das sein kann. Ein echtes Abenteuer! Um so etwas selbst zu erleben, müsst ihr aber nicht bis nach Afrika reisen, denn wilde Tiere gibt es bei euch sicherlich genug. Das glaubt ihr nicht? Dann werft mal einen Blick in das Kinderzimmer. In aller Regel ist das der gefährlichste Ort im ganzen Haus: Bären aller Art, Löwen, Nilpferde, Schlangen, eine ganze Affenbande, Giraffen und Krokodile hausen dort zusammen mit Hunden, Katzen, Schafen und riesigen Hasen. Dass die sich noch nicht alle gegenseitig gefressen haben, ist ein wahres Wunder!

Schnappt euch sämtliche Tiere und veranstaltet eure ganz private Safari. Dazu müssen die Tiere zuerst möglichst gut in der Wohnung versteckt werden. Weil man selbst dann ja weiß, wo die Bären und das Zebra lauern, ist es sinnvoll, dass einer die Tiere versteckt und der jeweils andere auf Safari gehen darf. Der Papa beginnt, die Tochter darf suchen. Damit das Ganze noch ein wenig spannender wird, findet die Jagd nachts statt. Die Tochter darf dafür ausnahmsweise einmal länger wach bleiben. Draußen sollte es schon dunkel sein, drinnen macht ihr kein Licht, wegen der nachtaktiven Tiere natürlich.

In Afrika geht niemand ohne Vorbereitung auf die Jagd. Das ist zu Hause nicht anders. Ihr braucht einen großen Rucksack. In den packt ihr die Verpflegung für euren nächtlichen Ausflug. Nach einiger

PAPA ALS ABENTEURER

Zeit auf der Pirsch könnt ihr dann eine Rast einlegen und ein Dunkel-Picknick veranstalten. Vergesst die Taschenlampe nicht! Ohne sie tappt ihr nämlich völlig im Düsteren und findet bestimmt keinen einzigen Bären. Ist der Rucksack gepackt, geht es los. Knipst die Taschenlampe an und macht euch auf die Suche. Wo könnten die Bären stecken? Vielleicht in der Küche, im Vorratsschrank? Dort steht der Honig, den sie doch so gern mögen. Schleicht euch so leise an, wie es geht, schließlich wollt ihr sie nicht zu früh warnen. Habt ihr wilde Tiere aufgespürt? Nein? Wo könnten sie noch sein? Bestimmt sind sie in ihrer Höhle. Raus aus der Küche und ab in Richtung Keller! Huh, ist das gruselig! Die Wohnung sieht in der Dunkelheit ganz anders aus als sonst, und der Keller ist schon am Tag unheimlich genug. Bleibt schön dicht zusammen und leuchtet in jede Ecke. Schließlich wisst ihr nicht, welche gefährlichen Tiere euch unterwegs noch begegnen. Da – ein Krokodil hinter der Kiste mit den Einweckgläsern! Fangt es ein und stopft es in den Rucksack. Wo eins ist, sind die anderen meist nicht weit. So wandern auch die übrigen Tiere der Reihe nach in den Rucksack. Die Jagd ist aber noch nicht zu Ende. Schließlich fehlen noch das Nilpferd und der Löwe. Das Nilpferd ist bestimmt am Wasserloch und der Löwe liegt im hohen Gras auf der Lauer. Und siehe da: In der Badewanne und hinter der Palme werdet ihr fündig. Sind alle Tiere gefangen, ist die Jagd beendet. Gute Nacht, ihr Bärenjäger!

PAPA ALS ABENTEURER

Bäume ertasten

Das braucht ihr: verschiedene Bäume in der Umgebung, einen Schal als Augenbinde

Bäume sind so unterschiedlich wie Menschen. Es gibt nicht nur verschiedene Arten, sie sind auch unterschiedlich hoch, dick, rau oder glatt. Anhand der Blätter und Früchte lassen sie sich relativ leicht bestimmen. Wie sieht es aber aus, wenn eure Augen verbunden sind und ihr sie nur noch ertasten könnt?

Wagt einen Versuch! Sucht euch dazu eine Stelle im Wald oder in einem Garten, wo verschiedene Baumarten stehen. Schaut sie euch genau an. Entscheidet dann, wer von euch zuerst „blind" sein soll und wer führt. Die blinde Person bekommt eine Augenbinde um. Wenn sie nichts mehr sieht, wird sie einige Male im Kreis gedreht, damit sie die Orientierung verliert. Dann legt sie die linke Hand auf den Arm der sehenden Person und wird auf diese Art zu einem Baum geführt. Dort angekommen, tastet sie den Baum genau ab. Wie fühlt sich die Rinde an, wie dick ist der Baum, lässt sich die Form der Blätter erspüren? Nach einer vorher festgelegten Zeit geht es blind zurück zum Ausgangspunkt. Nun nehmt ihr die Augenbinde ab. Der „Blinde" schaut sich um, und versucht, den eben ertasteten Baum herauszufinden. War es die Birke dort drüben oder doch die dünne Fichte ganz links? Richtig getippt? Prima! Für jeden richtig benannten Baum gibt es einen Punkt.

Nach jedem Baum wechselt ihr die Rollen. Wer zum Schluss die meisten Punkte hat, bekommt einen Riesenapplaus und einen Orden aus einem Blatt gebastelt.

PAPA ALS ABENTEURER

Miniwelt

Das braucht ihr: 4 Schaschlik-Spieße, Schnur oder Geschenkband, Lupe, Papier, Stift, kleine Schaufel

Sind die Kinder allzu aufgedreht und sollten mal wieder zur Ruhe kommen, sind Naturbeobachtungen ein gutes Mittel dafür. Aber nicht nur dann. Die meisten Kinder sind fasziniert von kleinen Lebewesen und finden alles spannend, was um sie herum kreucht und fleucht. Das gilt für Ameisen genauso wie für Schnecken, Hummeln und kleine Käfer. Was liegt da näher, als sich zusammen bäuchlings auf die Wiese zu legen und genau zu schauen, was da krabbelt?

Steckt vier Schaschlik-Stäbchen im Rechteck in den Boden. Der Bereich sollte ungefähr 20 mal 20 Zentimeter groß sein. Zieht das Band um die Spießchen herum wie Absperrband um eine Baustelle oder einen Tatort. Dieses abgeteilte Bodenstück ist für die nächste halbe Stunde eure Miniwelt. Schaut genau hin, was sich dort bewegt und was wächst. Welche Tierchen sind dort unterwegs, welche Gräser oder Pflanzen gedeihen dort? Nehmt die Lupe zu Hilfe, um auch die allerkleinsten Bewohner ausfindig zu machen. Schaut an der Unterseite der Grashalme oder Blätter nach. Läuft da eine Laus direkt auf den Marienkäfer zu? Ob das gut geht? In welche Richtung sind

die Käfer unterwegs, wie viele Hummeln besuchen die Kleeblüte? Macht euch zu euren Beobachtungen Notizen. Legt kleine Zeichnungen an, die zeigen, aus welcher Richtung ein Tierchen eure Miniwelt betritt und an welcher Stelle es sie wieder verlässt. Zählt die Arten. Hebt die Grasnarbe vorsichtig an und schaut nach, was dort unter der Erde wuselt. Vergleicht hinterher eure Ergebnisse miteinander. Was gibt es Interessantes über die Miniwelt zu berichten?

WASSER FILTERN

Das braucht ihr: große Plastikflasche, Schere, Kaffeefilter, Kieselsteine, Erdboden, Sand, Ton, Schaufel, Becher oder Gläser, Wasser

Wenn es regnet, versickert das Regenwasser im Boden. Ein Teil davon gelangt durch die verschiedenen Erdschichten bis in das Grundwasser. Auf seinem Weg dorthin wird es gefiltert. So lautet die Theorie. Wie das Wasser auf seinem Weg durch die Schichten sauberer wird, lässt sich gut im Experiment zeigen. Probiert es selbst aus!

Von einer großen Plastikflasche schneidet ihr den oberen Teil ab. Das Stück sollte so hoch sein, dass euer Kaffeefilter gut hineinpasst. Hängt das Flaschenstück samt Filter in ein Glas, in das das Wasser laufen kann. Jetzt kommen die Kieselsteine in den Filter. Macht den Test: Gießt Wasser hinein. Es fließt schnell hindurch. Kommt Erde auf die Kiesel, braucht es schon etwas länger. Zuletzt gebt ihr Sand dazu und gießt wieder Wasser darauf.

Wie lange dauert es jetzt, bis das Wasser im Glas ist? Nun matscht ihr mit Erde eine richtig schön dreckige Brühe zusammen. Ab durch den Filter damit. Heraus kommt – sauberes Wasser! Zumindest fast. Es hat noch keine Trinkwasserqualität, ist aber um einiges klarer als die Matschbrühe. Genau das Gleiche passiert im Erdboden. Je langsamer das Wasser fließt, je mehr Schichten es dabei überwindet, umso sauberer wird es.

PAPA ALS SPORTLER

PAPA ALS SPORTLER

KUNTERBUNTE SCHNEESPIELE

Das braucht ihr: leere Spülmittelflaschen, Lebensmittelfarbe und natürlich Schnee

Wenn draußen über Nacht alles zugeschneit ist, hält es einen kaum noch drinnen im Haus. Warme Sachen anziehen und dann ab durch die Mitte! Wenn ihr im Garten oder Park nicht so recht etwas mit euch anzufangen wisst und euch die gute alte Schneeballschlacht auch zu fad erscheint, dann probiert es doch mal mit ein bisschen Rot, Grün, Gelb und Blau!

Leere Spülmittelflaschen eignen sich super, um damit Wasser zu spritzen. Spritzpistolen gehen natürlich auch, aber da ist der Strahl nicht so schön dick. Zuerst müsst ihr die Spülmittelflaschen gründlich sauber machen und dann Lebensmittelfarbe mit Wasser einfüllen. Sucht eure Lieblingsfarben aus! Nicht vergessen, gut zu mischen, damit sich die Farbe auflöst und verteilt. Wenn alles vorbereitet ist, geht es wieder raus in die weiße Pracht. Auf zugeschneite Flächen kann man mit dem bunten Strahl aus der Spritzflasche schöne Muster malen. Oder versucht einmal, euren Namen zu schreiben, ohne abzusetzen!

Markiert im Schnee eine Zielscheibe, die ähnlich aussieht wie beim Dart oder Bogenschießen. Jetzt könnt ihr versuchen, diese mit Schneebällen oder farbigen Spritzern aus der Flasche zu treffen. Je näher man an die Mitte der Zielscheibe kommt, desto mehr Punkte bekommt man! Und was kriegt eigentlich der Sieger? Eine Abreibung mit Schnee als ersten Preis? Ein paar Schneebälle in den Nacken zum Ausgleich? Und schon ist eine lustig bunte Schneeballschlacht im Gange!

PAPA ALS SPORTLER

Nicht den Boden berühren

Das braucht ihr: *Decken, Kissen, Kisten, Stühle, Hocker, Bett, Sofa, Tische*

Keine Lust rauszugehen? Ist das Wetter zu schlecht für Spiele im Garten oder drinnen nicht genügend Platz, um zu toben, macht es wie die Affen: Hangelt euch von einem Gegenstand zum nächsten, ohne den Boden zu berühren. Das Spiel ist auch super, wenn ihr leise sein müsst, weil Mama oder das kleine Brüderchen noch schlafen. Wenn kein Krach entstehen soll, versucht, nicht so viel mit den Möbeln zu rumpeln. Gewagte Sprünge lasst ihr in dem Fall auch besser weg.

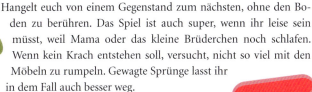

Die Regeln sind ganz einfach: Es ist verboten, den Boden zu betreten. Alles andere ist erlaubt. Einigt euch vor Spielbeginn, welche Hilfsmittel ihr benutzen dürft. Darf das Sofakissen auf dem Boden betreten werden oder nicht? Ist die Decke, die ihr vor euch ablegt, um eine große Distanz auf dem Boden zu überbrücken, erlaubt oder verboten? Ist dieser Punkt geklärt, darf jeder die gleiche Anzahl an erlaubten Dingen mit sich nehmen. Sucht euch einen Startpunkt. Los gehts!

Vom Sofa aus klettert ihr über den Wohnzimmertisch auf die breite Fensterbank. Weiter geht es Richtung Tür. Über das Kinderhöckerchen und das Sofakissen zum Esszimmertisch. Hier schnappt ihr euch zwei Stühle und hangelt euch immer abwechselnd von einem zum anderen bis in den Flur. Dort steht die Fußbank, die euch hilft, um die Ecke bis in das Kinderzimmer zu gelangen. Am Hochbett entlang über die Spielkisten und den Kissenberg in Richtung Badezimmer. Eine Runde durch die Badewanne, über das Klo zurück in den Flur. Mit der Decke auf dem Boden kommt ihr bis in die Küche. Einmal die Arbeitsplatte entlang bis zum Kühlschrank. Zeit für eine Erfrischung!

PAPA ALS SPORTLER

Fahrrad-Hindernisparcours

Das braucht ihr: Fahrrad, Helm, Steine, Bretter, Seil, Plane, Wasser, Markierungshütchen, Stöcke, Eimer, Stoppuhr, Bettlaken, Textilfarbe

Mit dem Fahrrad kann man von einem Ort zum nächsten radeln. Dort besucht man dann Freunde, geht einkaufen, ins Schwimmbad oder in die Schule. Anschließend fährt man wieder nach Hause. Mit dem Fahrrad lässt sich aber noch mehr anstellen. Übt eure Geschicklichkeit, verbessert den Gleichgewichtssinn und werdet insgesamt sicherer im Umgang mit dem Zweirad! Wie das? Mit einem Hindernisparcours! Der lässt sich mit wenigen Mitteln und in kurzer Zeit aufbauen.

Legt den Start-und Zielpunkt für den Parcours fest. Ein Seil auf dem Boden kann die Startlinie markieren. Soll es etwas professioneller aussehen, beschreibt ihr ein altes Betttuch mit Textilfarbe und hängt es an Stöcken oder zwischen zwei Bäumen auf. Wie viele Hindernisse ihr insgesamt plant, hängt von dem verfügbaren Platz und den örtlichen Gegebenheiten ab. Bei einer Waldstrecke habt ihr vielleicht einen Bereich, wo viele dicke Wurzeln überquert werden müssen. Verwandelt eine bereits bestehende Kuhle in ein wunderbar matschiges Loch, durch das ihr später ganz langsam fahren müsst. Meistens finden sich auch ganz natürliche enge oder steile Stellen, die ihr in eure Strecke einbeziehen könnt.

Ist kein Wald in der Nähe, legt ihr den Parcours im Garten an. Baut aus einem breiten Brett und ein paar Steinen eine Wippe. Testet, ob sie sich im Gleichgewicht befindet und ob das Brett an Ort und

PAPA ALS SPORTLER

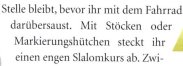

Stelle bleibt, bevor ihr mit dem Fahrrad darübersaust. Mit Stöcken oder Markierungshütchen steckt ihr einen engen Slalomkurs ab. Zwischen zwei Bäumen spannt ihr ein niedriges Seil, unter dem ihr hindurchfahrt. Ein schmales Brett auf dem Boden muss ebenso fehlerfrei überquert werden wie die Holperstrecken aus angehäuften Steinen. Mit dem Matschloch wird es im Garten allerdings etwas schwierig, da Mama wahrscheinlich etwas dagegen hat, wenn ihr ein Loch in den Rasen buddelt. Die rutschige Kuhle simuliert ihr deshalb mit einem großen Stück Plane, die ihr mit Wasser übergießt. Das ist ebenfalls ganz schön flutschig. Bitte seid vorsichtig! Verwendet die Treppenstufen von der Terrasse hinunter in den Garten genauso wie den Kiesweg zur Garage. Hindernisse baut ihr aus Eimern, enge Kurven markiert ihr mit Seilen. Ist der Streckenverlauf fertig gekennzeichnet, kann es losgehen.

Fahrradhelm auf den Kopf, und gemeinsam geht es für den ersten Testlauf auf die Strecke! Sind die Kurven zu eng, ist die Wippe überhaupt zu schaffen und die nasse Plane zu überwinden? Falls nötig, nehmt ihr noch ein paar Änderungen vor. Dann wird es ernst. Der erste Fahrer geht an den Start. Ist die Linie überfahren, läuft die Zeit. Wer wird den Parcours schneller fehlerfrei durchfahren können? Am Ziel wartet die Stoppuhr. Der schnellere Fahrer gewinnt diesen Durchlauf. Weil es so viel Spaß macht, fahrt ihr gleich noch einmal!

PAPA ALS SPORTLER

BEWEGTES FERNSEHEN

Das braucht ihr: Fernseher, die Lieblingssendung oder einen tollen Film, Sofa oder Sessel, Gymnastikband, Hanteln oder Wasserflaschen

Vor dem Fernseher zu sitzen, gilt als ungesund. Solange man beim Gucken auch wirklich die ganze Zeit regungslos vor dem Apparat sitzt, mag diese Aussage zutreffen. Das muss aber nicht so sein. Bringt beim Fernsehen ruhig mal etwas Bewegung ins Spiel.

Schaut euch gemeinsam eure Lieblingssendung an. Was machen die Leute im Fernseher? In aller Regel sitzen sie ja auch nicht die ganze Zeit still auf irgendeinem Stuhl. Vielleicht gehen die Menschen dort z. B. eine Straße entlang und schauen in die Landschaft.

Macht sie nach wie ein Clown und kopiert die Bewegungen. Ihr dürft gerne übertreiben! Vielleicht rennt aber auch einer im Fernsehen dem Bus hinterher und ist vollkommen außer Puste. Auch den könnt ihr nachäffen. Wenn jemand Rad fährt, legt ihr euch auf den Rücken und strampelt, was das Zeug hält. Auf dem Bauch liegend könnt ihr Schwimmbewegungen nachahmen. Andere Aktivitäten wie wilde Verfolgungsjagden mit dem Auto sind auch lustig nachzuspielen. Stellt euch vor, ihr seid ein witziger Spiegel des Geschehens auf der Mattscheibe. Am spannendsten ist es, wenn ihr euch eine Person aussucht, die ihr nachkaspert. Sind im Fernsehen viele Personen auf einmal zu sehen, entscheidet ihr euch, wen ihr kopieren wollt. Versucht dabei, euch so schnell wie möglich an euer Vorbild anzupassen. Manchmal müsst ihr dazu ganz schön schnell reagieren. Da die Person im Fernseher auch nicht einfach aufhört, sich zu bewegen, hinkt ihr oft etwas hinterher mit dem, was ihr tut. Das kann sehr amüsant aussehen. Wenn ihr zwischendurch vor Lachen den Anschluss verpasst, macht das gar nichts. Steigt einfach wieder ein, sobald ihr euch ausreichend ausgekichert habt.

PAPA ALS SPORTLER

Wenn ihr keine Lust habt, anderen Leuten hinterherzuhampeln, nutzt ihr die Fernsehzeit einfach so für ein paar sportliche Aktivitäten. Mit einem Gymnastikband könnt ihr während der Sendung ein Tauziehen veranstalten. Oder ihr streckt die Arme und Beine gegen den Widerstand des elastischen Bandes. Macht mit den gefüllten Wasserflaschen ein bisschen Hanteltraining, während der Film läuft. Versucht, die Flaschen auf dem Fußspann zu balancieren. Klemmt die Füße unter das Sofa oder den Sessel und macht Sit-ups. Dreht euch anschließend um. Jetzt sind ein paar Liegestütze an der Reihe, danach joggt ihr eine Runde auf der Stelle. Wer von euch ist schneller aus der Puste? Übrigens kann man mit Sport auch prima nur die Werbeunterbrechungen überbrücken.

Ist der Film zu Ende, habt ihr euch eine Pause sowie eine Erfrischung verdient. Die ist schnell zur Hand. Ihr braucht dazu nur den Deckel von euren Hanteln abzuschrauben. Prost!

PAPA ALS SPORTLER

TOR!

Das braucht ihr: *Luftballons, Tannenzapfen, Dosen, unterschiedliche Bälle, Plastikflasche, Schuhe, Kartons, zusammengeknülltes Papier, Tormarkierung*

Wenn die Profis Fußball spielen, benutzen sie dafür einen Fußball. Logisch! Der hat eine bestimmte Größe und Form. Selbst das Gewicht und der Luftdruck in seinem Inneren sind festgelegt. Wenn ihr Fußball spielt, benutzt ihr dafür wahrscheinlich einfach irgendeinen Ball. Hauptsache, er ist rund. Aber wer sagt denn, dass sich nicht auch mit einem Haufen anderer Gegenstände gut kicken und Tore schießen lässt? Lust auf ein Spielchen?

Ihr braucht ein wenig Platz und etwas, mit dem ihr das Tor markiert. Nehmt zwei Eimer oder Pullover, die ihr auf den Boden legt, um ein Tor in der gewünschten Breite zu kennzeichnen. Zusätzlich könnt ihr den Abschusspunkt festlegen. Lost aus, wer von euch zuerst im Tor steht und wer als Erstes schießen darf. Anschließend wählt ihr euren „Ball". Der muss keineswegs rund sein. Wie gut fliegt ein Tannenzapfen? Wem von euch gelingt ein Treffer damit? Probiert nach und nach die verschiedensten Gegenstände aus. Es eignen sich Dosen, zerknülltes Papier, Kartons und andere Dinge, die sich treten lassen, ohne dass der Fuß wehtut. Wichtig ist natürlich auch, dass nichts dabei ist, was besser nicht kaputtgehen sollte.

Veranstaltet einen kleinen Wettbewerb. Wer trifft mit fünf Schuss am häufigsten? Geschossen wird dabei immer hintereinander weg. Erst dann wechselt ihr die Positionen und der andere darf sich an dem ausgewählten Gegenstand versuchen.

MATERIALLISTE

Das braucht ihr

Acrylfarben
Akkuschrauber
Alufolie

Backpapier
Bastelfilz
Bilderhaken
Bindfaden
Bleistift
Blumendraht
Bohrmaschine
Bretter
Buntstifte

Computer
Cutter

Dosen
Drachenschnur
Drucker
Dübel

Faden
Farben
Filzstifte
Fotoapparat
Fotopapier

Garn
Gartenschere
Geschenkband
Gießkanne
Gipsbinden
Glasflaschen
Glitzer
Gummibänder
Gummistiefel

Hammer
Handbohrer

Holzkugeln
Holzlack
Holzleim
Holzschrauben

Isomatte

Joghurtbecher

Kaffeefilter
Kanthölzer
Klarlack
Klebefilm
Klebstoff
Kleister
Klopapier
Knete
Kochlöffel
Kochtopf
Kompass
Kordel
Korken
Kreide

Landkarte
Laubsäge
Lebensmittel-
  farben
Leisten
Lineal
Löschpapier
Luftballons
Luftpumpe
Lupe

Maßband
Messer
Metermaß
Muttern
Mütze

Nägel
Nähnadel
Notizbuch

Paketschnur
Papier
Pappe
Pergamentpapier
Perlen
Permanent-
  Marker
Pinsel
Plane
Plastikdose
Plastikflasche
Plastiktüten
Pralinen-
  schachteln
Prospekthüllen
Putzlappen

Regenhose
Regenjacke
Reis
Rinde
Rucksack

Säge
Schal
Schaschlik-
  Spieße
Schaufel
Schere
Schmirgelpapier
Schnur
Schnürsenkel
Schrauben
Schrauben-
  schlüssel
Schraubhaken

Schwamm
Seife
Seile
Sperrholzplatten
Spritzbeutel
Spülmittel-
  flaschen
Stadtplan
Steine
Stoffreste
Stoppuhr
Strickleiter
Strohhalme

Tacker
Tapetenkleister
Taschenlampe
Textilfarbe
Thermoskanne®
Transparent-
  papier

Vaseline
Verpackungs-
  band

Wachstuch
Wäsche-
  klammern
Wäscheleine
Wasserwaage
Winkelmesser
Wolle

Zahnstocher
Zapfen
Zeitschriften
Zeitungen
Zellophanpapier
Zwirn

125

REGISTER

A
ABC-Poster 30
Aprilscherze 82
Aufführung 12

B
Baisers 67
Bärenjagd 112
Basteln 8, 30, 33
Bäume 10, 114
Baumhaus 24
Beobachten 115
Besen 104
Bett 46
Bewegung 26, 28, 90, 92, 94, 108, 118, 120, 122, 124
Bienen 74
Bilderquiz 102
Blumen 58, 78
Blumenwiese 74
Buchstaben 30
Buchtresor 96

C
Clown 122

D
Dekoration 8, 18, 22, 30, 42, 78
Drachen 26

E
Eis 64
Essensmemo 66
Experimente 78, 116

F
Fahne 43
Fahrrad 48, 120
Fahrradreparatur 48
Familie 70, 102
Farbe 32, 50, 118
Fensterbilder 18
Fernsehen 122
Fingerpuppen 12
Flagge 43
Flaschenmusik 31
Fotoapparat 34, 102
Fotografieren 34
Früchte 80
Frühstücksbuffet 70
Fühlen 10, 16, 22, 23, 28, 31, 52, 66, 74, 76, 79, 86, 90, 102, 112, 114, 115
Fußball 124

G
Garten 20, 71
Geheimnis 96
Geheimverstecke 94, 96
Gehörsinn 23, 31
Geruchssinn 10, 66, 74, 76, 79
Geschichten 19, 38, 84, 85
Geschmackssinn 66
Gipsmasken 16
Glückskekse 62

H
Handwerken 28, 36, 44
Hexenbesen 104
Hindernisparcours 120

I
Iglu 98
Indianertipi 20
Insekten 115
Instrumente 23, 31

J
Joghurtbecher 23
Joghurteis 64

K
Kamera 34
Kaufmannsladen 44

REGISTER

Kerzenwerkstatt 56
Klettern 119
Klopapier-Mumie 88
Knetfiguren 52
Kochen 60, 61, 62, 64, 66, 67, 68, 69, 70
Kordelkugeln 42
Korken 33, 85
Kräuter 76
Kuscheltiere 112

L
Lebensmittelfarbe 52, 118
Leinwand 50
Lesen 30
Lollis 69

M
Malen 32
Märchen 12, 96
Medien 34, 102, 122
Memory® 66
Miniteich 72
Möbel 119
Mobile 8
Mumie 88
Musik 23, 31, 50
Musikinstrumente 23, 31

N
Nachtaktivität 112

O
Obst 80
Obstkistenregal 53
Outdoor 114, 118

P
Papier schöpfen 54
Party 21
Pflanzen 58, 74, 76, 78, 79, 114
Pflanzen pressen 58

Pfützengesichter 22
Pizza 60
Pompons 8
Popcorn 61
Poster 30
Prinzessinnenschloss 24
Puppen 12
Puppenhaus 14

Q
Quatsch machen 84
Quiz 102

R
Rallye 108
Rassel 23
Regal 53
Riechen 10, 66, 74, 76, 79
Rollenspiele 12, 14, 16, 20, 24, 43, 44, 46, 67, 104

S
Sahneeis 64
Schauspiel 12, 16, 38
Schloss 46
Schmetterlinge 79
Schneeballschlacht 118
Schneewittchen 12
Schnitzeljagd 94
Schokoladenbananen 68
Sehsinn 22, 90, 102, 112, 115
Seife 10
Sketchabend 38
Spaziergänge 90, 92, 94, 102, 108, 114
Sport 117
Sprachspiele 19, 30, 38, 84, 85, 86
Spuren lesen 90
Stadtrallye 108
Steine 32

REGISTER/BILDNACHWEIS

Stelzen 28
Strickleiter 106
Süßigkeiten 61, 62, 64, 67, 68, 69

T

Tanzen 50
Tastsinn 16, 52, 66, 114
Teich 72
Tiere 100, 110, 112.
Tierpfleger 100
Tierspuren 90
Tipi 20
Toastpizza 60
Tor 124
Trockenfrüchte 80
Tüten 43

V

Vogelhäuschen 36

W

Wachs 56
Wahrnehmungsspiele 10, 16, 22, 23, 28, 31, 52, 66, 74, 76, 79, 86, 90, 102, 112, 114, 115
Wandern 92
Wasser 31, 116
Weihnachten 110
Wettbewerb 84, 86
Wiese 79
Window Color 18
Winter 90, 118

Z

Zauberei 78
Zelt 20
Zoo 13
Zuckerlollis 69
Zungenbrecher 86

BILDNACHWEIS

fotolia.com: jokatoons 7, 59, 71, 81, 89, 117; Wichittra Srisunon 10, 14, 47, 125; Hans-Jürgen Krahl 18, 74, 75, 95, 101, 105, 113; Yaell Weiss 19, 87; Klara Viskova 20, 21, 26, 27, 56, 57, 72, 73, 125; Olga Shevchenko 23; ddraw 32, 115; dedMazay 33, 88, 103; Donets 35; Pétrouche 38; piai 39, 40, 41; ratselmeister 42; drilling in the dark 43; Anna Velichkovsky 46; jelena zaric 48, 49; Borodaev 50, 51; LaCatrina 52; Nathalie Bosansky 53; Andrei 54, 55; Bertold Werkmann 58; Lightvision 61; voizin 62, 63; FreeSoulProduction 67; Anna Sushkova 68; Ekaterina Smirnova 69; Colorlife 70; Olena Antonova 74, 75; Charmaine Paulson 76, 77; Ekaterina Elagina 78; Viktoriia Protsak 79; Lorelyn Medina 82; shockfactor 83; Jim Mills 83; Dejan Jovanovic 84; polkan61 85; Alexey Bannykh 86; Silke Krause 87; life_artist 90, 91; Actomic 92; Lumarmar 94, 95; Leonid Dorfman 97; micoud78 98; Matthew Cole 99; Christiane Fengler 101; pilarts 106; Ajay Shrivastava 108; Ogerepus 108, 109; FAFANJA 111; gollli 114; askaja 116; xalex 118; Christos Georghiou 119; Borodaev 123; abdulsatarid 124

istockphoto.com: StudioLadybug 36, 37; McHenry 125

Doris Weigl: 8, 9, 13, 21, 22, 23, 25, 28, 29, 31, 45, 93, 107